अमर राष्ट्रनायक
समय की शिला पर

हिमांशु जोशी

डायमंड बुक्स
www.diamondbook.in

प्रकाशक : डायमंड पॉकेट बुक्स (प्रा.) लि.

X-30, ओखला इंडस्ट्रियल एरिया, फेज-II
नई दिल्ली-110020
फोन : 011-40712200
ई-मेल : sales@dpb.in
वेबसाइट : www.diamondbook.in
संस्करण : 2024

Amar Rashtranayak Samay Ki Shila Par
by *Himanshu Joshi*

दो शब्द

अतीत ही नहीं होता इतिहास, कहीं वर्तमान भी होता है और भविष्य भी। साए की तरह वह समय के साथ-साथ निरन्तर चलता रहता है।

जब व्यक्ति नहीं रहता, समय भी बदल जाता है, तब भी साया रहता है—उसी रूप में, उसी तरह—पानी की सतह पर तिरती प्रतिच्छाया की भांति!

जब इतिहास, यानी समय विशेष का दस्तावेज, सजीव होकर, चलचित्र की तरह उभर कर सामने आता है, तो कई अनुत्तरित प्रश्नों के उत्तर स्वयं सुलभ हो जाते हैं! इतिहास तब मात्र मूक-दर्शक ही नहीं होता, वह समय आने पर बोलता भी है, चलता-ठिठकता भी। विश्व के सारे परिदृश्यों को अपनी दृष्टि में समा लेने की क्षमता भी रखता है। उसमें उभरती घटनाएं भी तब मूर्त हो कर अपने अस्तित्व की अहसास जगाने लगती हैं।

लगभग समान काल खण्डों में जिए तीन इतिहास-पुरुषों की ये तीन जीवन-गाथाएं मात्र एक सदी में समाई तीन सदियों की साक्षी हैं—राष्ट्र धर्म के निर्वाह में जिन्होंने अपने-अपने ढंग से अपनी आहुति दी।

पन्त सुलझे हुए, दूरदर्शी राजनेता थे। स्वाधीनता-संग्राम के पुरोधा, नए भारत के निर्माता, गांधी के अहिंसा के सिद्धान्तों पर जिन की अटूट आस्था थी।

नेताजी एक धधकते अग्नि-पुंज की तरह भारत के क्षितिज पर उभरे। ब्रिटिश शासकों ने स्वप्न में भी कल्पना नहीं की होगी कि एक अकेला क्रान्तिदर्शी विश्व भर में फैले अंग्रेजी-साम्राज्यवाद की जड़ें झकझोर कर रख देगा। और एक ऐसी चुनौती देगा, कि जिस के साम्राज्य में कभी सूर्यास्त ही नहीं होता था, उसका सौभाग्य-सूर्य डूबता दिखलाई देगा।

'तुम मुझे खून दो।
मैं तुम्हें आजादी दूंगा।'

पहली बार अंग्रेजों को अहसास हुआ कि ये धधकते शब्द एक अकेले व्यक्ति के नहीं, तीस करोड़ भारतीयों के कण्ठ से प्रस्फुरित होकर, वायु मण्डल को कंपा रहे हैं। आजादी की कीमत चुकाने के लिए जब कोई राष्ट्र खड़ा होता है तो उसका मार्ग ईश्वर भी अवरुद्ध नहीं कर सकता।

'आजाद हिन्द फौज' का नेतृत्व करता हुआ एक सिंह-पुरुष, हाथ में तिरंगा फहराता हुआ, बर्मा की पहाड़ियों को रौंदता दहाड़ रहा था।

यह कैसी विडम्बना थी। जब ब्रिटिश-साम्राज्यवाद का सूर्य अस्ताचल की ओर बढ़ रहा था–भारत की पूर्वी सीमाओं पर उगते सूरज का उजास बिखर रहा था।

*

स्वाधीनता की ज्वाला को और अधिक प्रज्वलित किया, क्रान्तिकारियों ने, अपने सिर पर कफन बांध कर जो संग्राम में उतर आए थे। ये उभरते हुए तरुण थे, जो आत्म-बलिदान के लिए तत्पर थे। उन में अनेक भगतसिंह थे। अनेक आजाद, अनेक सावरकर, अनेक चापेकर-बन्धु, अनेक अशफाक उल्ला खां, अनेक बिस्मिल! कालापानी की काल-कोठरियां, अनेक अन्तहीन शहादतों की साक्षी हैं।

इन तीनों की कार्य-प्रणालियां, जीवन-दर्शन भिन्न-भिन्न होते हुए भी कहीं पर्याप्त समानता थी। इनका प्रथम एवं अन्तिम लक्ष्य एक था–पराधीनता की बेड़ियां तोड़ कर मातृभूमि को मुक्त कराना।

पंडित पन्त, नेताजी तथा अशफाक उल्ला खां की जन्म-शताब्दियां–पंडित पन्त 10 सितंबर, 1987, नेताजी 23 जनवरी, 1997, अशफाक उल्ला खां 22 अक्टूबर, 2000 कुछ वर्ष पूर्व सारे देश में श्रद्धा के साथ मनाई गई। इनके जन्मदिन पर देश के सभी आकाशवाणी केंद्रों से, देश की सभी प्रमुख भाषाओं में, एक साथ इन रूपकों को प्रसारित किया गया था–राष्ट्रीय प्रसारण के अंतर्गत।

इनके लिए जहां-जहां स्थानों में संभव हो पाया, मैं गया। पन्तजी की जन्मभूमि खूंट-उत्तरांचल से होता हुआ, उनकी अंतिम विश्रामस्थली 6, मौलाना आजाद रोड, नई दिल्ली तक के पड़ाव पार किए। अल्मोड़ा की वह पाठशाला, जहां उन्होंने अक्षर ज्ञान प्राप्त किया, इलाहाबाद का 'मेकडोनल हिंदू हॉस्टल' जिस के 112 नंबर कमरे में पन्तजी रहते थे, अल्मोड़ा जेल, काशीपुर की अदालत, लखनऊ का मुख्यमंत्री निवास आदि सभी स्थानों का परिभ्रमण किया। उन लोगों से भी मिला जिन का पन्तजी से निकट का संबंध था।

इसी तरह उड़ीसा गया। कटक की वह इमारत देखी, जहां नेताजी का जन्म हुआ था। वह कॉलेज देखा, जहां उन्होंने शिक्षा प्राप्त की थी। उनका कोलकाता वाला घर भी, जो अब संग्रहालय में परिवर्तित हो गया है। वह कार भी, जिस में बैठकर वे सरहद तक गए थे, जहां से पलायन कर उन्हें विदेश पहुंचना था।

अंडमान जहां उन्होंने भारत की मुक्त धरा पर पहली बार तिरंगा ध्वज फहराया था। मोरांग के मोर्चे को भी, जहां तक उन की सेना विजय पताका फहराती हुई आई थी।

अशफाक तो एक जीवंत किंवदंती रहे।

अशफाक का शहर शाहजहांपुर।

अशफाक का घर!

अशफाक की समाधि!

फैजाबाद का वह यातना-घर, जहां उन्हें फांसी दी गई थी। 'काकोरी ट्रेन कांड' में चंद्रशेखर आजाद के साथ 'बिस्मिल', अशफाक, क्रांतिकारी लेखक मन्मथनाथ गुप्त भी थे, उन्हें उस छोटी उम्र में सोलह साल की सजा मिली थी। 'काकोरी-कांड में अशफाक की क्या भूमिका रही, विस्तार से गुप्त जी बतलाते हैं। सुखद आश्चर्य की बात है कि पन्तजी ने भी एक वकील के रूप में क्रान्तिकारियों की सहायता की थी। उपन्यास सम्राट मुंशी प्रेमचंद भी मुकदमें की पैरवी के समय अदालत में आते थे। दर्शक-दीर्घा में सबसे पीछे बैठकर चुपचाप चले जाते थे।

न्यायाधीश ने जब अशफाक को दो बार फांसी की सजा और दो बार कालापानी का दंड सुनाया तो अशफाक उसकी खिल्ली उड़ाते हुए हंसने लगे थे। उन्होंने कहा था, 'यह मेरी खुशकिस्मती है कि ब्रिटिश हुकूमत ने इतनी बड़ी सजाएं देकर इन्कलाबी के रूप में मुझे इज्जत बख्शी है। मैं उनका तहे दिल से शुक्रगुजार हूं।

कम लोग जानते हैं कि जेल की काल कोठरी में शहीद राम प्रसाद बिस्मिल की तरह अशफाक उल्ला खां ने भी फांसी से पहले आत्मकथा लिखी थी। उस विस्मृत ग्रंथ को भी ढूंढा। उसके फटे हुए पीले पन्ने भी पलटे।

देश की आजादी केवल गांधीजी के अहिंसक मार्ग से ही नहीं मिली, उसमें अमर शहीद भगत सिंह जैसे क्रांतिकारियों और नेताजी जैसे सैन्यबल पर आस्था रखने वाले देश भक्तों का भी योगदान रहा।

रेडियो-रूपक विधा के विशेषज्ञ भाई डॉ. वीरेंद्र गोहिल को इन रूपकों को लिखाने का श्रेय जाता है, यदि वे पीछे पड़ कर न लिखवाते तो संभवत: ये लिखे ही नहीं जाते।

समय की शिला पर अंकित, शहीदों के जीवंत इतिहास के ये कुछ प्रेरक पृष्ठ यदि नई पीढ़ी में वह अहसास जगाने में सफल रहे कि यह आजादी यों ही नहीं मिल गई थी, इसके लिए कितने देशभक्तों ने कितने बलिदान दिए-तो अपना यह विनम्र प्रयास सार्थक समझूंगा।

-हिमांशु जोशी

शब्द-चित्रों का अनूठा संसार

'रेडियो रूपक' प्रसारण की एक अद्‌भुत विधा है। अद्‌भुत इसलिए कि इसके लेखन और प्रस्तुति में रेडियो प्रसारण की सभी विधाओं का समावेश हो सकता है। जैसे संगीत, नाटक, इंटरव्यू, परिचर्चा, रिपोर्ताज, समाचार, आंखों देखा हाल, न्यूज रील, कम्पेयरिंग, यात्रा-वृत्तांत, कविता, गीत, कहानी, संवाद, नरेशन आदि आदि। इसीलिए विशेषज्ञों ने रेडियो रूपक को सभी विधाओं की विधा कहा है। इसके लेखन और प्रस्तुति को सीमाओं में नहीं बांधा जा सकता। असीम है रूपक का संसार।

'विद्युत चुंबकीय तरंगों और रेडियो संचार' का आविष्कार बीसवीं शताब्दी के आरंभ में हो गया था। शुरू-शुरू में विज्ञान के इस महान आविष्कार का इस्तेमाल तूफानों में फंसे नाविक प्रायः अपनी सुरक्षा की पुकार अन्य लोगों तक पहुंचाने के लिए करते थे। प्रथम विश्वयुद्ध के दौरान गुप्त सूचनाओं से लेकर प्रोपेगेंडा तक का काम इस माध्यम की उपयोगिता से जुड़ा। सन् 1916 में विश्व का पहला रेडियो समाचार प्रसारित हुआ। दुनिया ने रेडियो की असीम शक्ति को पहचाना। सन् 1919 में अमेरिका में एक निगम की स्थापना हुई और 21 सितंबर 1922 को विश्व के पहले रेडियो प्रसारण का जन्म हुआ। ब्रिटेन में सन् 1922 में बी.बी.सी. की स्थापना हुई। भारत में 23 जुलाई 1927 से रेडियो का नियमित प्रसारण शुरू हुआ।

रेडियो के जन्म के पहले से ही साहित्य और संचार की विधाएं विद्यमान थीं। लेकिन रूपक विधा नहीं थी। रूपक का जन्म रेडियो के जन्म के बाद हुआ। रूपक को आम तौर पर 'डाक्युमेंटरी फीचर' के नाम से जाना जाता है। विश्व प्रसिद्ध प्रसारणकर्ता श्री जान गियरसन ने सन् 1926 में सबसे पहली बार 'डॉक्युमेंटरी' शब्द का प्रयोग किया। डॉक्युमेंटरी शब्द मूलरूप से फ्रेंच भाषा से लिया गया है। फ्रेंच भाषा में इसे 'दाक्यूमेंतायर' कहा जाता है। इसका अर्थ है—यात्रा वृत्तांत। लेकिन ऐसा वृत्तांत जो तथ्यों से परिपूर्ण है। गियरसन ने कहा—यह जीवन वृत्तांत दृश्य और जीवित तथ्य का फोटोग्राफ है। यानी तथ्यों से भरी प्रमाणिक जानकारी वाले शब्द चित्र।

हर माध्यम की अपनी आवश्यकताएं होती हैं, अपनी विशेषताएं और अपनी सीमाएं होती हैं। रेडियो प्रसारण की पहली विशेषता है कि इसे केवल सुना जा सकता है। इसलिए इसकी भाषा बोलने वाली भाषा है। इसके लिए प्रयोग में लाने वाले शब्द वही हैं जो सुनने वालों को आसानी से समझ में आ जाये। इसकी पहली आवश्यकता है कि इसके श्रोताओं के बारे में संपूर्ण जानकारी। श्रोता ग्राहक की तरह हैं। इसके अदृश्य

श्रोताओं की मानसिक, शैक्षणिक, भौगोलिक, आर्थिक और सामाजिक स्थितियों का अध्ययन किए बिना प्रभावशाली और उपयोगी प्रसारण लेखन नहीं हो सकता। इसलिए रेडियो ने एक नए साहित्य को जन्म दिया। नया आयाम दिया। श्रव्य-साहित्य।

जिस तरह हर अध्यापक साहित्यकार नहीं हो सकता, भले ही वह साहित्य का अध्यापन ही क्यों न करता हो! जिस तरह हर पत्रकार जन-संचार के सभी माध्यमों के लिए उपयोगी लेखन करने में सक्षम नहीं होता, उसी तरह हर साहित्यकार अच्छा पत्रकार नहीं हो सकता क्योंकि हर विधा की अपनी मूलभूत आवश्यकताएं होती हैं। रेडियो प्रसारण के लिए किसी भी विधा में आलेख लिखते समय अलग किस्म की भाषा, शब्दावली, प्रतीक, अदृश्य श्रोताओं के लिए शब्द चित्र बनाने की कला, एक विशेष प्रकार की रवानगी से परिचय, रिद्म, शिल्प सौंदर्य, नीरस विषयों और जानकारी वाले संदर्भों को सरस, मनोरंजक और सजीव बनाने की कला में निपुणता परम आवश्यक है।

रेडियो प्रसारण के लिए लेखन के बारे में कहा जाता है कि यह जानना जरूरी नहीं है कि आपको क्या कहना है, बल्कि यह जानना भी उतना ही जरूरी है कि किसके लिए कहना है (आपका श्रोता कौन है), कैसे कहना है और क्या नहीं कहना है।

रेडियो प्रसारण की एक महत्वपूर्ण सशक्त, लोकप्रिय और बहु उपयोगी विधा रूपक को भी पूरी तरह बिना अभ्यास के नहीं जाना जा सकता। जिस तरह तालाब या नदी के किनारे बैठकर कुछ किताबें पढ़कर या प्रशिक्षक से ज्ञान प्राप्त करके तैरना नहीं सीखा जा सकता, उसी तरह रूपक को भी नहीं जाना जा सकता। तैरना सीखने के लिए पानी में उतरना ही होगा, उसी तरह रूपक विधा का जानकार होने के लिए रूपक को सुनना, समझना और अभ्यास करना अनिवार्य होता है।

ऐसे बिरले ही साहित्यकार–पत्रकार होते हैं जो प्रसारण माध्यमों की विभिन्न विधाओं में समान रूप से सक्षमतापूर्वक लिखने की कला जानते हैं। यह चुनौती भरा काम माना जाता है।

विश्वभर में रेडियो रूपक की एक सर्वमान्य परिभाषा है जो प्रसिद्ध प्रसारण कर्मी श्री लुई मेकनीस ने दी है–'तथ्यों की नाटकीय प्रस्तुति रूपक है।' इसका अर्थ है कि जहां तथ्य नहीं है, वहां रूपक नहीं है। तथ्य अथवा जानकारी नीरस भी हो सकता है। नीरसता को सरसता में बदलने के लिए नाटकीयता का सहारा लिया जाता है।

श्री लुई मैकनीस के ही शब्दों में–The Radio feature is a dramatised presentation of actuality but its author should be much more than a rapporteur or a cameraman, he must select his actuality material with great discrimination and then keep control of it so that it subserves a single dramatic effect.

रेडियो-रूपक विधा के जानकारों ने अपने-अपने अनुभवों के आधार पर बताया कि रेडियो रूपक का आलेख प्रिंट मीडिया, टेलीविजन और फिल्म से अलग होता है। क्योंकि दर्शकों की सीमाओं को ध्यान में रखते हुए, कल्पना और बिंबों का ऐसा

संसार रचा जाता है जो रूचिकर और उद्देश्यों की प्राप्ति में सहायक हो। रेडियो रूपक का उद्देश्य स्पष्ट और संदेश सीधा-साधा होना चाहिए। फोकस जनसाधारण की रूचियों पर केंद्रित। हम क्या सुनाना चाहते हैं और श्रोता क्या और कैसे सुनना चाहता है—इनके बीच समन्वय की कला जिन्हें आती है, वे एक सफल और लोकप्रिय रूपक लेखक और प्रस्तुतकर्ता माने जाते हैं।

रेडियो की यह विधा हमारे देश में विदेशों से आती है। इसका विकास दूसरे विश्वयुद्ध के दौरान हुआ। स्थल रिकॉर्डिंग के लिए जिन उपकरणों की उन दिनों आवश्यकता होती थी, वे भारी भरकम थे। एक स्थान से दूसरे स्थान तक ले जाना आसान काम नहीं था। फिर भी बी.बी.सी. के प्रसारणकर्मियों ने युद्ध के मैदान में सैनिकों, सैन्य अधिकारियों, गोली, तोप, हवाई जहाज, टैंक, मशीन गन, बंदूक, पानी के लड़ाकू जहाज आदि की ध्वनियों की रिकॉर्डिंग की और अपनी रिपोर्ट्स के साथ प्रसारण के लिए भेजना आरंभ किया। जिन्हें सुनकर श्रोता अचंभित हो उठे और इस तरह एक सशक्त विधा की असीमताओं का ज्ञान हुआ।

भारत में रूपक विधा का विकास थोड़ी देर से हुआ क्योंकि इसके तकनीकी कारण थे। पोर्टबल रिकॉर्डरों की उपलब्धता से रूपक के विकास में बहुत सहायता मिली। आज तो संचार क्रांति के युग में देश के किसी भी भाग से कहीं भी रिकॉर्डिंग करना सरल हो गया है। इसलिए रूपक विधा में प्रसारणों की संख्या बढ़ती जा रही है। आज 'आकाशवाणी' के लगभग सभी केंद्र रूपक विधा में प्रसारण करते हैं। लगभग सभी केंद्रों के प्रसारण क्षेत्र में रूपक विधा के जानकार उपलब्ध हैं। लेकिन राष्ट्रीय स्तर पर रूपकों का प्रसारण 16 मार्च 1956 से आरंभ हुआ। शुरू में रूपक केवल अंग्रेजी भाषा में ही तैयार होते थे। आरंभ के वर्षों में अंग्रेजी आलेखों का ही हिंदी में अनुवाद प्रसारित होता था। लेकिन यह स्थिति 1964 में बदली। 1964 में 'अखिल भारतीय हिंदी रूपक एकांश' की अलग से स्थापना हुई और पहला राष्ट्रीय हिंदी रूपक 15 अगस्त 1964 को प्रसारित हुआ, जिसे श्री शिवसागर मिश्र ने तैयार किया था। तब से अब तक हिंदी रूपकों ने एक बड़ी यात्रा की है। अब लगभग तीन रूपक प्रतिमाह प्रसारित हो रहे हैं। अखिल भारतीय प्रसारण का अर्थ है कि इन रूपकों को आकाशवाणी के अनेक प्रादेशिक केंद्र भी रिले करते हैं। हिंदी रूपकों के विभिन्न प्रादेशिक भाषाओं में अनुवाद भी प्रसारित होते रहते हैं। आवश्यकता और उपयोगिता के आधार पर इन रूपकों का विदेशी भाषाओं में अनुवाद करके आकाशवाणी की विदेश प्रसारण सेवा से भी प्रसारण होता रहता है। इंटरनेट में भी हिंदी रूपक उपलब्ध होते हैं।

हमारे देश में तैयार किये गए रूपकों को अन्तर्राष्ट्रीय स्तर के पुरस्कार भी मिले हैं। श्री मेलबेल डि मेलो रूपक विधा के क्षेत्र में एक ख्याति प्राप्त नाम है। उनके द्वारा तैयार किया गया 'द लाली एंड लॉयन' मील का पत्थर है।

मुझे 1991 में स्विटजरलैंड सरकार ने अपने देश में प्रजातंत्र की 700वीं जयंती के अवसर पर होने वाले कार्यक्रमों पर आधारित रेडियो रूपक तैयार करने के लिए आमंत्रित किया था।

अखिल भारतीय रूपक कार्यक्रमों के आलेख लेखन और प्रोडक्शन के लिए पूरे देश से प्रतिभाशाली रूपक विधा के जानकारों को आमंत्रित किया जाता है। देश के अनेक लब्धप्रतिष्ठित साहित्यकार, लेखक और पत्रकारों ने आकाशवाणी के लिए रूपकों के आलेख लिखे हैं और प्रोडक्शन भी किया। इनमें से कुछेक के नाम हैं–सर्वश्री पंडित नरेंद्र शर्मा, विष्णु प्रभाकर, डॉ. सिद्धनाथ कुमार, कमलेश्वर, मामा वरेरकर, यशपाल जैन, हंस कुमार तिवारी, मोहन राकेश, रामधारी सिंह दिनकर, भगवती चरण वर्मा, डॉ. प्रभाकर माचवे, मनोहर श्याम जोशी, रामावतार त्यागी, हिमांशु जोशी, अनंत गोपाल शेवड़े, सत्येन्द्र शरत, राजेन्द्र अवस्थी, दुष्यंत कुमार त्यागी, डॉ. शंकर शेष, डॉ. लक्ष्मीनारायण लाल, अमृता प्रीतम, रमानाथ अवस्थी, डॉ. कैलाश वाजपेयी, डॉ. कन्हैयालाल नंदन, देवराज दिनेश, खुशवंत सिंह, मुद्राराक्षस, गोपाल दास, असगर वजाहत, डॉ. बलदेव वंशी, श्रीमती इंदु जैन, कृष्णचंद्र शर्मा 'भिक्खु', अमृतराव शिंदे, रमेश बक्षी, प्रदीप पंत, रामशरण जोशी, बालस्वरूप राही, विष्णु खन्ना, श्रीमती लता शर्मा, चंद्रकांत देवताले तथा अन्य अनेक विद्वान।

मैंने लगभग सौ रेडियो रूपक 'अखिल भारतीय प्रसारण' के लिए लिखे और प्रस्तुत किए हैं। इनमें से आठ रूपकों को 'अखिल भारतीय प्रसारण पुरस्कार' भी मिले हैं। रेडियो रूपक विधा और रेडियो रूपकों के लिए संगृहीत संदर्भ सामग्री की पृष्ठभूमि पर आधारित मेरी लिखी लगभग दस पुस्तकें प्रकाशित हो चुकी हैं। फिर भी मैं विनम्रतापूर्वक यह कहना चाहूंगा कि रेडियो रूपक विधा में लेखक और प्रोडक्शन की संभावनाएं अनंत हैं।

श्री हिमांशु जोशी देश-विदेश में बहुचर्चित साहित्यकार पत्रकार हैं। उन्होंने साहित्य और इलेक्ट्रानिक मीडिया की विभिन्न विधाओं में अनेक पुस्तकें लिखी हैं। उपन्यास, कहानी, कविता, यात्रा वृत्तांत, जीवनी, नाटक, साक्षात्कार आदि प्रकाशित पुस्तकों के अनेक विदेशी और भारतीय भाषाओं में अनुवाद भी प्रकाशित हुए हैं। जो लेखक की प्रतिभा और लोकप्रियता के परिचायक हैं।

वे साहित्यकार और पत्रकार के साथ ही एक सिद्धहस्त मीडिया कर्मी भी हैं। इलेक्ट्रानिक मीडिया की आवश्यकताओं और सीमाओं की गहरी पकड़ भी है। उनके उपन्यास 'कगार की आग' पर आधारित रेडियो धारावाहिक श्रोताओं ने खूब पसंद किया। अनेक रचनाओं पर आधारित रेडियो नाटक भी लोकप्रिय हुए। 'तुम्हारे लिए' उपन्यास पर आधारित धारावाहिक का प्रसारण दूरदर्शन पर हुआ था।

उन्हें चलचित्र जगत की गहरी समझ और पकड़ है। लीक से हटकर बनी उनकी

कहानी 'सु–राज' पर आधारित फिल्मों में 'सु–राज' भी एक है, जिसे अन्तर्राष्ट्रीय समारोहों में भारत का प्रतिनिधित्व करने के लिए चुना गया। भारतीय पैनोरमा के अंतर्गत उसका प्रदर्शन हुआ।

बहु आयामी प्रतिभा के धनी लेखक श्री जोशी ने 'आकाशवाणी' के 'अखिल भारतीय रूपक कार्यक्रम' के लिए भी अनेक रूपक लिखे हैं। पुस्तक संग्रह में कुछ रूपक शामिल किए गए हैं। रूपक विधा को जानने के इच्छुक व्यक्तियों के साथ ही मीडिया कर्मियों के लिए यह संग्रह मील का एक और पत्थर है।

प्रिंट, फिल्म और इलेक्ट्रानिक मीडिया की विभिन्न विधाओं में समान अधिकार के साथ लिखने वाले बिरले ही होते हैं। हिमांशु जोशी ऐसे ही अद्‌भुत सहज, सरल और मृदुभाषी और कर्मठ रचनाधर्मी हैं जो अपनी रचनाओं के कारण ही नहीं, बल्कि अपने स्वभाव के कारण भी बहुचर्चित हैं। जो सिर्फ लिखते ही अच्छा नहीं है, बल्कि बोलते भी बहुत अच्छा हैं। इसलिए देश–विदेश के अनेक समारोहों और गोष्ठियों में अपनी छाप छोड़ने के लिए विख्यात हैं।

उन्होंने रेडियो रूपक विधा को गहराई से समझा और जाना है। उनके योगदान से यह विधा समृद्ध हुई है।

इस संग्रह को हम बायोग्राफिकल फीचर लेखन का एक महत्वपूर्ण उदाहरण मान सकते हैं।

यह संग्रह 'बायोग्राफिकल फीचर लेखन' का एक उल्लेखनीय दृष्टांत है। अमर शहीद अशफाक उल्ला खां के जीवन के अनछुए, कम ज्ञात पहलुओं को जिस तरह से उजागर किया गया है, वह अद्‌भुत है। तथ्यों को इकट्‌ठा करने के लिए कितनी मेहनत की गई होगी, यह भी स्पष्ट होता है। तथ्यों की नाटकीय प्रस्तुति का भी यह उदाहरण है। नाटक के समान फ्लैश बैक, यात्रा वृत्तांत विधा के लिए यात्री का पात्र रूप, रूपक विधा का सूत्रधार, उस काल को सजीव करने के लिए साउंड इफेक्ट्स और गीत, संगीत। पाठक रूपक लेखन के विभिन्न आयामों से सहज ही परिचित हो सकेंगे और प्रमाण्कि जानकारी प्राप्त कर सकेंगे। जितना आनंद और प्रभाव सुनते समय आता है उससे कम आलेख को पढ़ने से नहीं आता। यह लेखक की पकड़ का प्रमाण है कि वह पाठक और श्रोता दोनों के लिए समान रूप से उपयोगी हैं।

भारत रत्न पंडित गोविंद वल्लभ पन्त के जीवन पर आधारित रूपक रचना में जहां एक ओर श्री कमलापति त्रिपाठीजी, श्रीमती विजय लक्ष्मी पंडित, श्री उमाशंकर दीक्षित और पन्तजी की स्वयं की आवाजों का समावेश किया गया है, जिसमें श्रोताओं को उनकी आवाज सुनने को मिली वही कथ्य की प्रमाणिकता भी स्थापित हुई। यह काम रेडियो की अन्य विधाओं में उतना प्रभावशाली रूप से नहीं हो सकता, जितना रूपक विधा में।

नेताजी सुभाषचंद्र बोस के जीवन वृत्तांत की पृष्ठभूमि पर आधारित रूपक के

लेखन के पूर्व लेखक ने कलकत्ता, मोइरांग (मणिपुर) और अंडमान निकोबार की यात्राएं कीं। उन स्थलों को अपनी आंखों से देखा जो नेताजी के जीवन से निकट जुड़े रहे हैं और उन व्यक्तियों से मुलाकातें कीं जिन्होंने नेताजी को विभिन्न रूप से देखा, जाना और पहचाना है। लेखक द्वारा स्वयं अनुभव किए गए तथ्यों को पिरोकर रूपक का लेखन हुआ, इसलिए रूपक अन्य विधाओं के लेखन से अलग होता है। प्रमाणिकता के साथ ही अनुभव का समावेश रचना को नए आयाम देता है और श्रोता को आनंद। रूपक में 'आजाद हिंद फौज' के द्वारा गाये गये गीतों का समावेश आज के श्रोता को आजादी के दिनों की शब्द-यात्रा पर ले जाता है। पोर्टब्लेयर के शेख आलम का और डॉ. शिशिर बोस के इंटरव्यू रोमांचकारी है। इस तरह की सामग्री रूपक को प्रभावशाली और प्रामाणिक बनाती है।

इस रूपक में लेखक ने 'आंखों देखा हाल' विधा का भी समावेश किया है। वाचक खुद कहता है, 'इस समय हम महानदी के तट पर बसे एक हजार साल पुराने एक नगर में हैं। उड़िया बाजार से होकर गुजर रहे हैं। रिक्शे, साइकिलें, गाय, बकरियां, तंग गलियां। तंग गलियों से गुजरती भीड़। दाईं ओर एक बड़ा-सा दुमंजला पुराना मकान-हवेलीनुमा। 'सेवा सदन'। अब महिलाओं और बच्चों का अस्पताल। ऊपर की मंजिल में एक कमरा है, जिसमें अनेक पुराने फोटो टंगे हैं। लिखा है—सुभाषचंद्र बोस का जन्म 23 जनवरी 1897 को हुआ था। दोपहर 12 और एक बजे के बीच।

शब्द चित्रों की यह भाषा श्रोता को मंत्रमुग्ध कर देती है। ऐसा लगता है जैसे श्रोता अपनी बंद आंखों से केवल शब्दों के माध्यम से सब कुछ सामने देख रहा है। यही है रेडियो की विशेषता। यही है रेडियो लेखन की आवश्यकता को समझने वाले लेखक की पहचान। यही है प्रसारण साहित्य का एक नमूना।

रूपक में सुभाषचंद्र बोस की आवाज भी शामिल की गई है। श्रोताओं में से अधिकांश ने सुभाष बोस को देखा तो नहीं है, लेकिन वे उनकी आवाज से कल्पना में रंग तो भर सकते हैं।

ये रेडियो रूपक साहित्य की उस नई धारा के महराब हैं जो आने वाले समय में और सशक्त होती जाएगी क्योंकि आने वाला समय इलेक्ट्रानिक मीडिया यानी प्रसारण युग की ऊंचाईयों को छूने का युग है। जन-जन से जुड़ाव की कड़ी है। आज भी करोड़ों लोग पढ़-लिख नहीं सकते, लेकिन रेडियो सुनकर अपनी प्यास बुझाते हैं और नई दुनिया से परिचित होते हैं।

श्री हिमांशु जोशी को उनकी इन रचनाओं के लिए और पाठकों के लिए उनके रचनाधर्मी व्यक्तित्व के एक और पहलू से परिचित होने के लिए बहुत-बहुत बधाई।

डॉ. वीरेंद्र गोहिल

प्रकाशकीय

हिमांशु जी प्रतिभा के धनी थे उनकी सादगी और उनका असाधारण व्यवहार लोगो को दूर से ही आकर्षित करता था उनका पहाड़ीपन उनके अन्दर हमेशा से रहा जो उनके साहित्य में साफ झलकता है। उनके साहित्य की विशेषता यह थी कि एक नयापन होने के साथ अपनी मार्मिक जिजीविषा को साथ लिए होता है।

जोशी जी खुद ये बात कहते हैं कि 'पर्वतीय जनजीवन में विषमताएं हैं वैविध्य है। संघर्ष भी कम नहीं है। किंतु इनके साथ-साथ मानव-मन की निश्छलता, उदारता, सहिष्णुता आदि मानवीय गुण भी कम नहीं हैं। भले ही प्रकृति ने उन्हें अधिक संपन्नता न दी हो, किंतु आंतरिक उदारता अवश्य प्रदान की है। वहां का भोला-भाला जीवन, वहां की निर्व्याज आत्मीयता, अपनापन कहीं आज भी प्रेरित करता है।' यही बात उन्हें और उनके साहित्य की ओर आमजन को आकर्षित करता है। जोशी जी नाटक, कविता, उपन्यास और कहानियों के बादशाह तो थे ही साथ ही एक अच्छे मीडियाकर्मी भी थे इनके सम्पादन का कार्य बहुत ही सराहनीय रहा।

आपके उपन्यास "कगार की आग" पर रेडियो धारावाहिक खूब पसंद किया गया साथ ही "तुम्हारे लिए" उपन्यास का धारावाहिक दूरदर्शन पर प्रसारित किया गया। "सू-राज" कहानी पर बनी फिल्म अंतरराष्ट्रीय फिल्म समारोह में भारत का प्रतिनिधित्व किया।

इनके साहित्य का संसार इतना बड़ा है कि इस पर एक अलग से पुस्तक लिखी जा सकती है।

इनका साहित्य प्रकाशित कर बहुत ही गौरवान्वित महसूस कर रहा हूँ। आशा करता हूँ कि पाठकों को इनका साहित्य प्रेरित करेगा।

—नरेंद्र कुमार वर्मा

nk@dpb.in

क्रम

क्रान्तिदर्शी

नेताजी सुभाषचन्द्र बोस

आरम्भिक संगीत।

प्रातः। पक्षियों की चहचहाट का स्वर।

(पहले तेज फिर धीरे-धीरे धीमा)

वाचक : इस समय हम महानदी के तट पर बसे, एक हजार साल पुराने एक नगर में हैं। 'उड़िया बाजार' से होकर गुजर रहे हैं। रिक्शे, साइकिलें, गाय, बकरियां, तंग गलियों से गुजरती भीड़। दाईं ओर एक बड़ा-सा दुमंजला मकान– हवेलीनुमा। 'सेवा-सदन'। अब महिलाओं और बच्चों का अस्पताल। ऊपर की मंजिल में, एक कमरा है, जिसमें अनेक पुराने फोटो टंगे हैं। लिखा है–

'सुभाषचन्द्र बोस का जन्म 23 जनवरी 1897 को हुआ था। दोपहर बारह और एक के बीच।'

वाचिका : आजादी का वह सूर्य यहीं से उगा था। कटक की इस पावन धरती से। जिसने भारत की स्वाधीनता के इतिहास में एक नया स्वर्णिम अध्याय जोड़ा था। एक अद्‌भुत उदाहरण प्रस्तुत किया था– राष्ट्रभक्ति का, शौर्य और शक्ति

का–एक सदियों से सोए, शोषित, पराधीन देश की मुक्ति का!

सुभाषचन्द्र बोस : **(यथार्थ स्वर)** ओन्ली व्हेन द ब्लड ऑफ फ्रीडम लविंग इण्डियन्स टु फ्लो, विल इण्डिया अटेन फ्रीडम!

वाचक : 'तुम मुझे खून दो, मैं तुम्हें आजादी दूंगा।' उन्होंने कहा था। सशस्त्र क्रान्ति की वह चिंगारी यहीं से फूटी थी, जिसने ब्रिटिश साम्राज्यवाद को भष्मीभूत करने का बीड़ा उठाया था। सिंह की तरह दहाड़ कर कहा था–

सुभाषचन्द्र बोस : **(यथार्थ स्वर)** गुलामी सब कष्टों और पापों की जड़ है। आप गुलामी की जंजीरों को तोड़ने के लिए एक दिल, एक प्राण होकर कटिबद्ध हो जाइए। हिन्दुस्तान अब गुलाम नहीं रह सकता, और न कोई ताकत उसे गुलाम रख सकती है। हां, हमें स्वतंत्रता का मूल्य चुकाना होगा। आप इसके लिए तैयार हो जाइए। जिससे यदि हम गुलाम हिन्दुस्तान में पैदा हुए हैं तो स्वतंत्र हिन्दुस्तान में जीएं और मरें। तभी आजाद हिन्दुस्तान दुनिया को नए-नए संदेश दे सकेगा...।

वाचिका : इतने पर ही रुके नहीं सुभाष के स्वर। उनका संदेश दिग्-दिगन्त तक गूंजने लगा–

गीत–*उठो, सोए भारत के नसीबों को जगा दो*
आजादी यों लेते हैं, जवां ले के दिखा दो...।

वाचक : इस क्रान्ति का पहला पाठ उन्होंने जिस पाठशाला में पढ़ा, हम उसमें प्रवेश करते हैं।

कहा जाता है कि यह शाला सन् 1882 में अंग्रेजों द्वारा स्थापित की गई थी। इसमें उन्होंने पहली से सातवीं तक शिक्षा प्राप्त की थी। अध्यापक अंग्रेज थे। उनमें से कुछ अध्यापक छात्रों को उपेक्षा की दृष्टि से देखते थे। बालक सुभाष का स्वाभिमान आहत होता था। संभवतः स्टेवार्ट स्कूल छोड़कर रेवेनशॉ कॉलेजिएट विद्यालय में प्रवेश लेने का एक कारण यह भी रहा।

(अन्तराल संगीत)

वाचक : यह रेवेनशॉ कॉलेजिएट स्कूल है। सामने त्रिकोण पार्क, कतार में अशोक वृक्ष। पार्क के बीच में नेताजी की श्वेत-प्रतिमा। 54 वर्षीय हेडमास्टर रुद्रनारायण मोहान्ती कहते हैं-

एक स्वर : नेताजी बाल्यकाल से ही क्रान्तिकारी थे। सामाजिक कार्यों में उनकी आरंभ से ही विशेष रुचि थी। वे प्रखर बुद्धि के अत्यन्त मेधावी छात्र थे। विद्यालय के उस एकान्त छोर पर साथ विद्यार्थियों को ले जाकर, व्यायाम सिखलाते थे। एक प्रकार का 'गुरिल्ला-युद्ध' का अभ्यास कराते थे। अपने हेडमास्टर बेनीमाधव दास को वे अपने भविष्य निर्माण का सबसे बड़ा श्रेय देते थे। नैतिक शिक्षा तथा सौन्दर्य बोध-उन्हीं की देन है।

वाचक : अध्यापक वह स्थान दिखलाते हैं, जहां बालक सुभाष अपने सहपाठियों को शारीरिक प्रशिक्षण देते थे। उस स्थान पर अब एक सुव्यवस्थित व्यायामशाला बन रही है। छात्रावास के उस

कमरा नम्बर ग्यारह में भी ले जाते हैं, जहां विद्यार्थी सुभाष ने अपने छात्र जीवन के दो वर्ष बिताए थे... उस कक्षा में भी प्रवेश करते हैं, जहां आठवीं में पढ़ते थे। सुभाष का विद्यार्थी जीवन उसके भविष्य निर्माण में विशेष रूप से सहायक हुआ। ऐसे संस्कारों का उद्‌भव हुआ उनके मन में, जिससे किशोरावस्था में ही उन्हें परिपक्वता का बोध होने लगा।

वाचिका : अपनी माताजी को एक बार, एक पत्र में लिखा था, उन्होंने–मां जीवन में ऐसा कौन–सा कार्य अपने लिए चुनें, जो आपको सबसे अच्छा लगे। हमारे न्यायाधीश, बैरिस्टर या ऊंचे ओहदेवाला अफसर बनने में आपको अधिक प्रसन्नता होगी या समाज में अपनी विद्वता से, अपने मानवीय दृष्टिकोण से अधिक स्नेह, सम्मान प्राप्त कर, एक सही इनसान बनने से? उससे भले ही हमारा जीवन आर्थिक अभावों में बीते। मैं जानने के लिए आतुर हूं कि अपने बेटे को आप किस रूप में देखना अधिक पसन्द करेंगी?

वाचक : कलकत्ता प्रेसीडैन्सी कॉलेज के दिनों में भी सुभाष का अधिक समय जनहित के कार्यों में ही व्यतीत होता था। कभी बाढ़–पीड़ितों के लिए चन्दा, तो कभी अकालग्रस्त लोगों की सहायता। कॉलेज से प्रतिदिन एलगिन रोड स्थित अपने घर की तीन मील की दूरी प्रायः पैदल तय करते। इससे जो पैसे बचते, वे घर के पास, सड़क के किनारे बैठनेवाली भिखारिन हो दे देते।

वाचिका : देश करवट ले रहा था। राजनीतिक उथल–पुथल

का दौर आरंभ हो गया था। स्वाधीनता की चिंगारियां फूटने लगी थीं। देश में जनचेतना का ज्वार उमड़ने लगा था।

('वन्देमातरम्'। 'भारत माता की जै' के नारे के बाद वन्देमातरम् गीत का अंश)

वाचक : सुभाषचन्द्र बोस का आई. सी. एस. की परीक्षा में मैरिट पर आना जितनी बड़ी घटना थी, उससे बड़ी घटना बनी, उनका 22 अप्रैल 1921 को उसे ठुकरा देना।

एक स्वर : अपने बचपन के एक अभिन्न मित्र को उन्होंने लिखा कि मेरी अन्तरात्मा कहती है कि प्रशासन की यह उपलब्धि, यह शक्ति, यह समृद्धि मुझे सच्ची शान्ति, सच्चा सुख नहीं दे सकती।

दूसरा स्वर : एक पत्र देशबन्धु चितरंजनदास को भी लिखा कि वह राष्ट्र की सेवा में अपना जीवन समर्पित करना चाहते हैं।

(अन्तराल संगीत)

वाचक : सुभाष अभी सही दिशा-दृष्टि की खोज में थे। भारत की स्वाधीनता के संग्राम में अभी उन्हें बड़ी अहम भूमिका निभानी थी। गांधीजी उस समय बम्बई में थे। लन्दन से भारत लौटते समय 16 जुलाई 1921 को उन्होंने गांधीजी से मुलाकात की।

वाचिका : 'असहयोग आन्दोलन' शुरू हो चुका था। विद्यार्थियों से विद्यालयों के बहिष्कार का आह्वान गांधीजी कर रहे थे। इन समस्याओं पर सुभाष ने अनेक आशंकाएं और जिज्ञासाएं प्रकट कीं। कार्यशैली और सोच में अन्तर के बावजूद बातें

महत्वपूर्ण रहीं। सुभाष कांग्रेस से जुड़ गए। और सन् 1921 से 1930 तक सक्रिय रूप से कांग्रेस से जुड़े रहे।

वाचक : गांधीजी तरुण सुभाष को सलाह देते थे कि वे तत्कालीन राजनीति के शिखर–पुरुष देशबन्धु चितरंजन दास से मिलें और कार्य करें।

वाचिका : देशबन्धु को सुभाष ने गुरुवत लिया और वर्षों तक उनके निर्देशन में कार्य करते रहे–समर्पित भाव से।

(अन्तराल संगीत)

वाचक : प्रिन्स ऑफ वेल्स के भारत आगमन के विरोध में जो राष्ट्रव्यापी हड़ताल हुई और उसके बाद आरंभ हुए सत्याग्रह में देशबन्धु के साथ–साथ सुभाष को भी छह महीने की सजा हुई। जेल जाने का यह सिलसिला जो आरंभ हुआ, वह चलता रहा। सन् 1921 से 40 तक उन्हें ग्यारह बार कारावास का दण्ड भुगतना पड़ा।

('सायमन वापस जाओ।' अंग्रेजों भारत छोड़ो।'–नारे)

वाचिका : समय के साथ–साथ ज्यों–ज्यों भारत की राजनीति में सुभाष का कद बढ़ता चला गया, उसी अनुपात में ब्रिटिश हुकूमत को उनसे खतरे में भी वृद्धि होती चली गयी। उन्होंने कारागार के सींखचों में बंद अस्वस्थ सुभाष को जेल से मुक्त करने की अपेक्षा यूरोप में निर्वासित कर देना अधिक हितकर समझा।

वाचक : और फरवरी 1933 को सुभाषचन्द्र बोस को 'गंगे' नामक जलयान पर बिठलाकर इटली भेज दिया।

(पानी के जहाज के सायरन की आवाज)

वाचक : यूरोप में सुभाषचन्द्र ने नए क्षितिजों की खोज की। आस्ट्रिया, चैकोस्लोवाकिया, जर्मनी आदि देशों की यात्राएं कीं। 'इण्डियन स्ट्रगल' नामक सुप्रसिद्ध पुस्तक लिखी। सन् 1934 में पिताश्री के देहान्त पर फिर भारत आए, परन्तु 8 जनवरी 1935 को उन्हें पुनः भारत से निष्कासित कर दिया।

वाचिका : इस बार वे फ्रांस के विश्वविख्यात लेखक, चिन्तक, भारत के परम मित्र रौमे रौला से मिले। लगभग एक वर्ष बाद विदेशी सरकार के आदेशों का उल्लंघन कर बम्बई लौटे, परन्तु फिर जेल भेज दिए गए।

वाचक : पर अस्वस्थ होने के कारण सन् 1937 में उन्हें फिर मुक्त करना पड़ा।

(अन्तराल संगीत)

वाचिका : वे स्वेच्छा से अब पुनः यूरोप गए। अपनी अधूरी आत्मकथा 'एन इण्डियन प्लीग्रिम' पूरी कर ही रहे थे कि भारत से समाचार मिला कि उन्हें कांग्रेस अध्यक्ष चुना गया है। यह बड़े गौरव की बात थी।

वाचक : अपने 41वें जन्मदिन की संध्या में जनवरी 1938 को सुभाषचन्द्र भारत लौटे। कांग्रेस के अब तक के इतिहास में वे सबसे कम उम्र के अध्यक्ष थे।

एक पुरुष स्वर : यह गुजरात का हरिपुरा है।

नारी स्वर : यहीं आयोजित हो रहा है कांग्रेस का 51वां अधिवेशन!

तीसरा स्वर (पुरुष) : सारा हरिपुरा उत्सव की तरह सजा है। ये सामने 51 तोरण द्वार हैं। कांग्रेस के 51 झण्डे फहरा रहे हैं। 51 बैलों का सुसज्जित रथ, 51वें कांग्रेस अध्यक्ष सुभाषचन्द्र बोस को अधिवेशन स्थल की ओर ला रहा है। उसके पीछे-पीछे अपार भीड़ उमड़ती हुई आ रही है।

'विजयी विश्व तिरंगा प्यारा, झण्डा ऊंचा रहे हमारा।' गीत।

वाचक : कांग्रेस अध्यक्ष सुभाषचन्द्र बोस अध्यक्ष के नाते सारे देश को संदेश दे रहे हैं–

सुभाषचन्द्र बोस : **(यथार्थ स्वर)** भाइयो और बहनो! हमने जो आजादी की लड़ाई छेड़ रखी है, उसे तब तक जारी रखना होगा, जब तक हमें मुकम्मिल आजादी नहीं मिल जाती।... हमारे सामने इस वक्त सबसे बड़ी समस्या है–संगठनात्मक विदेशी विधान को हमेशा के लिए दफनाने की। तभी हम अपने मन के मुताबिक अपना शासन-विधान तैयार कर सकेंगे। वर्तमान शासन-विधान तो हमारी मर्जी के खिलाफ साम्राज्यवाद को मजबूत कर, हमारी गुलामी की जंजीरों को और सुदृढ़ करने के लिए बनाया है। इसे आप हरगिज स्वीकार न करें। आप संगठित शक्ति से, शान्ति और अहिंसापूर्वक अपना बलिदान करने के लिए जल्द-से-जल्द तैयार हो जाइए। न जाने कब बिगुल बज उठे!

वाचिका : सचमुच में सुभाषचन्द्र बोस ने एक और क्रान्ति का बिगुल भी बजा दिया। अपने अध्यक्ष काल में उन्होंने निर्धन किसानों के उत्थान के लिए

भूमि सुधारों की योजना पर गंभीरतापूर्वक विचार किया। देश के आर्थिक विकास में गति लाने के लिए औद्योगीकरण पर विशेष बल दिया।

वाचक : अब से लगभग 58 वर्ष पहले उन्होंने चेतावनी देते हुए कहा था कि जनसंख्या वृद्धि पर अंकुश लगाए बिना देश की प्रगति संभव नहीं। वे भारत के इतिहास में पहले व्यक्ति थे, जिन्होंने 'नेशनल प्लानिंग कमेटी' का गठन किया था।

वाचिका : आर्थिक-विकास की इन दूरदर्शी योजनाओं पर विश्व कवि रवीन्द्रनाथ ठाकुर ने गहरी दिलचस्पी दिखलाई थी। विख्यात वैज्ञानिक डॉ. मेघनाद साहा ने भी।

(अन्तराल संगीत)

वाचक : सुभाषचन्द्र बोस का काम अधूरा था। सारी योजनाओं को कार्यान्वित करने के लिए उन्हें और समय चाहिए था। यही सोचकर उन्होंने दूसरे वर्ष मध्य प्रदेश के 'त्रिपुरी कांग्रेस' में भी अध्यक्ष पद का चुनाव लड़ने की इच्छा व्यक्त की। जिससे मतभेद उभरे और सुभाषचन्द्र बोस को अध्यक्ष पद त्यागना पड़ा।

वाचिका : और इसके बाद इतिहास का एक नया दौर शुरू हुआ।

(नारों का स्वर)

वाचक : 38/2 एलगिन रोड, कलकत्ता, जिसे अब लाला लाजपत रोड कहते हैं, यह एक नया तीर्थ है। यह सौ साल पुराना विशाल भवन कटक से कलकत्ता आने पर बोस-परिवार का स्थायी निवास बना। जहां नेताजी के कपड़े, जूते,

पलंग–सारी वस्तुएं राष्ट्र की धरोहर के रूप में ज्यों-की-त्यों रखी हैं। अतीत की अनेक प्रेरक स्मृतियां!

वाचिका : यह 'नेताजी भवन' अब 'नेताजी संग्रहालय' है, इसमें वह रेशमी धोती और चादर भी दिखलाई दे रही है, जिसे 17 फरवरी 1941 को, इस घर में अंतिम बार भोजन करते हुए उन्होंने पहना था।

वाचक : इसके प्रांगण में स्लेटी रंग की वह कार आज भी उसी तरह खड़ी है, जिसमें बैठकर 17 जनवरी 1941 की मध्य रात्रि में मुहम्मद जियाउद्दीन के नाम से, फिरंगी-सरकार की आंखों में धूल झोंकते हुए निकल भागे थे। और अन्त में बर्लिन जाकर 'आजाद हिन्द फौज' का सपना साकार किया था। मातृभूमि को विदेशी दासता से मुक्त करने के लिए नई व्यूह-रचना की थी।

वाचिका : सुभाषचन्द्र बोस का जर्मनी-प्रवास भारत के स्वाधीनता संग्राम का एक विशिष्ट अध्याय है। 'आजाद हिन्द फौज' का आविर्भाव जहां विश्व को चकित कर रहा था, एक चुनौती दे रहा था, ब्रिटिश साम्राज्यवाद को, वहीं उनका रेडियो संपूर्ण भारतीय समाज में नई चेतना का संचार करने में भी सफल हो रहा था। यहीं पर सबसे पहले 'जय हिन्द' का गगनभेदी नारा गूंजा था। 'जय हिन्द' नाम से एक समाचार-पत्र का प्रकाशन भी आरंभ हुआ था। यही वह स्थान था, जहां लोग उन्हें प्यार से, आदर से, 'नेताजी' नाम से पुकारने लगे। यही 'नेताजी' शब्द बाद में नेताजी के वास्तविक नाम का पर्याय बन गया।

(अन्तराल संगीत)

वाचिका : विश्व युद्ध की ज्वालाओं से सारा संसार झुलस रहा था। यूरोप धूं-धूं कर जल रहा था।

(युद्ध क्षेत्र के स्वर)

वाचक : नेताजी के लिए यूरोप की अपेक्षा, एशिया की धरती से जंगे आजादी का ऐलान करना अधिक लाभदायक था। यहां दक्षिण पूर्व एशिया में लाखों की संख्या में आप्रवासी भारतीय थे। जापान सरकार भी संघर्ष में सहभागी बनने को तैयार थी।

वाचिका : फरवरी 1943 को नेताजी एक नए अभियान में निकल पड़े–बर्लिन से तोकियो के लिए। इस बार की यह यात्रा और भी जोखिम भरी थी। पनडुब्बी में बैठकर अनेक विघ्न-बाधाओं को पार करते हुए नब्बे दिन में अपने गन्तव्य स्थल पर पहुंचने में सफल हुए थे।

(युद्ध के स्वर)

वाचक : 16 मई 1943 को नेताजी का तोकियो में भव्य-स्वागत हुआ और आगे की योजनाओं को कार्य रूप में परिणत किया जाने लगा।

वाचिका : नेताजी को सिंगापुर से युद्ध का संचालन करना था। उनके सिंगापुर पहुंचने पर 'आजाद हिन्द फौज' के सैनिक तथा नागरिक झूम उठे–

(सुभाषजी! सुभाषजी! वे जाने हिन्द आ गए, गीत)

वाचक : 5 जुलाई 1943 को सिंगापुर के सीटी-स्क्वायर में आजाद हिन्द फौज के तेरह हजार सैनिकों तथा लाखों भारतीयों को संबोधित करते हुए

उन्होंने कहा–

नेताजी : **(वास्तविक स्वर)** श्री रासबिहारी बोस, पूर्वी एशिया के नुमाइन्दो! भाइयो और बहनो! **(यहां से आरंभ होकर, बीच में कुछ भाग छोड़कर, और अन्त में–)** हमारे सामने रास्ते में आएगी भूख, प्यास, तकलीफें, मुसीबतें और मौत! कोई नहीं कह सकता, जो जंग में शरीक होंगे, उनमें कितने लोग निकलेंगे जिन्दा? कोई बात नहीं। हम जिन्दा रहेंगे या मरेंगे, कोई बात नहीं। सही बात यह है, आम बात यह है कि हमें कामयाबी मिलेगी। दोस्तो, इसलिए आखिर में आपसे अर्ज करता हूं। खुली आंखों से, खुद अपनी मर्जी से आपको कूदना है। कूद पड़ो। और जो कीमत चुकानी है, उसे चुकाना है। मैं जानता हूं। आप में वह ताकत है कि जानबूझकर आप कूद पड़ेंगे और हिन्दुस्तान को आजाद कराके रहेंगे!

(तालियों की गड़गड़ाहट!)

वाचिका : इम्फाल और कोहिमा की दिशा में आजाद हिन्द फौज आगे बढ़े, उस से पूर्व नेताजी अण्डमान-निकोबार गए।

वाचक : यह पोर्टब्लेयर है–अण्डमान-निकोबार की राजधानी! 'कालापानी' नाम से पुकारा जाने वाला वर्णित काला क्षेत्र। आजाद के अभियान का पहला पुण्य पड़ाव। नेताजी जब यहां पहुंचे तो कैसा उल्लास भरा दृश्य था–इसका आंखों देखा हाल प्रस्तुत कर रहे हैं, पोर्ट ब्लेयर के वयोवृद्ध हेडमास्टर शेख आलम।

शेख आलम : **(वास्तविक स्वर)** उस वक्त मैं किशोर था। हममें जोश था। उमंग थी। नेताजी को मन्त्रमुग्ध दृष्टि से हम देख रहे थे। लोग तालियां बजा रहे थे। नेताजी देवदूत की तरह लग रहे थे। मुस्कराते हुए खड़े थे। मिलिट्री की ड्रेस पहने थे। काला चश्मा और साइड कैप था और लंबा सूट। वे बड़े लंबे-तगड़े दीख रहे थे।

वाचक : सामने 'लंबा-लाइन' हवाई अड्डा है। यहां 29 दिसम्बर 1943 को नेताजी विमान से उतरे थे। यहां से कुछ ही दूरी पर जिमखाना-क्लब है, जिसे अब 'नेताजी स्टेडियम' कहते हैं। 30 दिसम्बर को एक विशेष समारोह में स्वाधीन भारत की मुक्त धरती पर पहली बार तिरंगा झण्डा यहां फहराया था। वे सामने दीख रहे रॉश द्वीप में ठहरे थे। 'सेलुलर जेल' का निरीक्षण करने भी वे गए थे।

वाचिका : वह पहली जनवरी 1944 की सुबह थी, जब वे यहां से रंगून लौटे थे–और फिर अभियान यानी 'मुक्ति-अभियान' यहां से हुआ आरंभ।

वाचक : इन अभियानों को जन-सहयोग, जन-समर्थन भी कुछ कम नहीं मिला। उनकी मात्र एक अपील का कितना व्यापक प्रभाव पड़ा, इस भावना को व्यक्त कर रहे हैं–डॉ. शिशिर बोस–

डॉ. शिशिर बोस : *(यथार्थ स्वर बांग्ला में) हिंदी अनुवाद* : जब नेताजी देश छोड़कर पहली बार जनता के सामने आए तो सर्वत्र सनसनी फैल गई। उन्होंने कहा, मैं पूरी तरह से मोबलाइजेशन चाहता हूं। मैं चाहता हूं, 'आजाद हिन्द फौज' गुलामी की

बेड़ियां तोड़े। इसके लिए पर्याप्त साधन चाहिए। पर्याप्त धन। नेताजी के आह्वान पर एक सप्ताह में ही तीन करोड़ के लक्ष्य को पार करके 21 करोड़ की राशि एकत्र हो गई। माताओं-बहनों ने भी पांच करोड़ रुपए से अधिक के जेवरात खुशी-खुशी से उतार कर दे दिए थे।

('हम देहली देहली जाएंगे', 'हम अपना हिंद बनाएंगे')

गीत की धुन।

वाचक : यह मोरांग है। यहां नेताजी की कांस्य प्रतिमा के पास राष्ट्रध्वज फहरा रहा है। आजाद हिन्द फौज की टुकड़ियों ने जापानी सैनिकों के साथ मिलकर इसे जीत लिया था। 14 अप्रैल 1944 को भारत की मुक्त मुख्य भूमि पर पहली बार यहीं तिरंगा फहराया गया था–
कैप्टन शौकत मलिक द्वारा।

वाचिका : 'चलो दिल्ली' अभियान कोहिमा की ओर से भी आगे बढ़ा। 6 अप्रैल 44 को घमासान युद्ध के पश्चात् कोहिमा पर आजाद हिन्द फौज का अधिकार हो गया।

वाचक : हम इम्फाल और मोरांग के बीच विष्णुपुर क्षेत्र में है, इसके आगे इम्फाल के निकट। समीप वह जो त्रिभुजाकार पहाड़ी दीख रही है–यहां पर हुआ था अंतिम युद्ध।

वाचिका : इस वर्ष मानसून समय से पहले आ गए थे। 'आजाद हिन्द फौज' तथा जापानियों के पास पर्याप्त रसद नहीं थी। युद्धक विमानों का सहयोग नहीं मिल पा रहा था। उसके मुकाबले में शत्रु की शक्ति अपार थी।

वाचक : अब जब आगे बढ़ना संभव नहीं रहा तो संकल्प बदलना पड़ा। मोरांग में युद्ध के अवशेष अभी भी शेष हैं। स्वाधीनता सेनानी 85 वर्षीय हिमांग नीलमणि सिंह का घर जो आजाद हिन्द फौज का केंद्र था–गोलियों की बौछारों से छलनी हुई उनकी टीन की छत इस सत्य की साक्षी है कि वह युद्ध कितना भयानक था! हेमांग नीलमणि सिंह के ही शब्दों में–

हेमांग नीलमणि सिंह : **(यथार्थ स्वर)** इम्फाल में दो दफा बम गिराया। मोरांग में दो दफा नहीं, कई बार बम गिराया। हमारे घर पर अभी जाकर देखने के, मशीनगन का कितना निशान है। गोली भी खूल चली। तोप भी। बम भी गिराए। उन्होंने बम से जंगलों को आग लगाया। और तोप भी। नेताजी की फौज ने कठिन पहाड़ी इलाकों को पार किया। लड़ते-लड़ते किसी तरह रंगून से बर्मा, बर्मा से इंडिया बॉर्डर एटीन मार्च को पहुंचा। एटीन मार्च को आर्मी मोरांग तक आया। और मोरांग में उन्होंने तिरंगा फहराया। वो सब हमने अपनी आंखों देखा है।

(अंतराल संगीत)

वाचक : अमेरिका द्वारा नागासाकी और हीरोसिमा पर परमाणु बम गिराए जाने के बाद, जापान के पराभव के पश्चात् एकाएक सारा विश्व-परिदृश्य बदल गया। पर भारत का स्वाधीनता संग्राम निरंतर चलता रहा। शायद देश को आजादी इतनी आसानी में, इतनी जल्दी नहीं मिलती। नेताजी के इस अभियान और सैनिक-

विद्रोह ने ब्रिटिश साम्राज्यवाद की नींव हिला दी थी।

(अंतराल संगीत)

वाचक : बहुत पहले नेताजी के विषय में गुरुदेव रवीन्द्रनाथ ठाकुर ने कहा था–

एक स्वर : "मैं उन्हें केवल अपना आशीर्वाद ही दे सकता हूं। और राहत अनुभव करता हूं, यह जानकर कि उन्होंने देश के दुखों का भार अपना समझकर स्वयं उठा लिया है। उसका परिणाम देश की स्वाधीनता के रूप में शीघ्र आ रहा है।"

(अंतराल संगीत)

वाचक : मात्र स्वाधीनता ही नहीं, सुखी, समृद्ध, शक्तिशाली भारत भी सपना था उनका। महात्मा गांधी को 'राष्ट्रपिता' की उपाधि उन्होंने ही दी थी। 'आजाद हिन्द फौज' जब बनाई तो एक कौमी तराना भी दिया, उन्होंने। विश्वकवि रवीन्द्रनाथ ठाकुर के अमर गीत 'जन मन गण' को इसके लिए चुना और इसे एक नया रूप दिया। जिसमें उनके सारे सपने, उनके सपनों का भारत, उनकी सारी भावनाएं, एक साथ उभरकर, साकार होने लगती हैं–

शुभ सुख चैन की बरखा बरसे
भारत भाग है जागा। गीत
अंतिम उद्घोष।

❑

एक मृत्युंजय और

अमर शहीद अशफाक उल्ला खां

(पृष्ठभूमि पर उभरता संगीत। शहीद अशफाक उल्ला खां का गीत, जो उन्होंने फांसी के तख्ते पर झूलने से पहले लिखा था–)

गीत : कुछ आरजू नहीं है, है आरजू तो यह है
रख दे कोई जरा-सी खाके वतन कफन में।
ऐ पुख्ताकारे-उल्फत, हुशियार डिग न जाना।
मैगजे आशका है, इस दार और रसन में।।

(अंधियारी रात। झींगुरों की झिंन-झिंन! केवल पांवों के चलने की आवाज!)

(धीरे-धीरे रेलवे स्टेशन का वातावरण उभरने लगता है।)

एक यात्री : **(फुसफुसाता हुआ)** रहमत मियां, जे पइंसे लो! टेशन आ गया है। टिकस खिड़की पै जाओ और एक टिकस ले आओ। हम धोरे ही जे बगलवाले पानी के बम्बे के पास खड़े हैं। हुआं रौशनी कम है। कोई पैचान नई पाएगा!

रहमत मियां : **(चलता-चलता मुड़ता है। वैसे ही मन्द स्वर में पूछता है)** तीसरे किलास का नां–?

दूसरा यात्री : तो हौर काहे का...।

पहला यात्री : सुनो रहीम, चारों जनें अलग-अलग खड़े हो जाओ। जैसे कोई किसी को पैचानता नहीं। साथ खड़े होने पै शक हो जाएगा।

(पॉज)

रसीद : **(धीमा स्वर)** भैया अशफाक, जे लो अपना टिकस... गोरखपुर तक... हुआं से नेपाल की तरफ निकल जइयो... जिस डिब्बे में रौशनी कम हो उसमें कम्बल ओढ़ि के सो जइयो... **(कुछ रुककर)** हां, जे रुपए रियासत मियां ने चलते समय दिए थे। अम्मीजान ने कहा है... कि अपने अशफाक मियां को... **(उसकी आवाज भारी हो जाती है।)**

अशफाक : बस! बस! आप लोग जाइए... खुदा हाफिज!

*

(परिवर्तन संगीत)

अशफाक : **(स्वगत)** हां... हां, जे डब्बा ठीक है...। रोशनी गुल...। पैसन्जर भी कम दीख रहे हैं...।

एक यात्री : **(अंधियारे से एक स्वर)** कहां जात हो भइय्या?

अशफाक : कसिया... गोरखपुर...

यात्री स्वर : का काम है?

अशफाक : **(लापरवाही से)** रेलगाड़ी चलन वारी है। आराम से सोइ जाओ। का करोगे बेकाम की बातें जानकर? कौन हो? कहां जात हो? का काम करते हो? पसिन्जर है, इत्ता ही का काफी नहीं...

*

(परिवर्तन संगीत)

(गाड़ी की लंबी सीटी। ट्रेन के चलने का स्वर)

अशफाक : **(स्वयं से)** पता नहीं कहां अंत होगा इस सफर का?

(ट्रेन चलने की निरंतर आवाज)

अशफाक : अम्मीजान अब भी परेशान हो रही होंगी मेरे लिए, जैसे बचपन में हो जाया करती थीं...।

(फ्लैश बैक)

वालिदा मजहर उल निशा बेगम

अम्मीजान : अच्छू मियां, बेटे आपने आज दूध नहीं पिया। अपनी सेहत का आप कतई ख्याल नहीं रखते...

अशफाक : **(शरारत से हंसते हुए)** अम्मीजान, अपनी सेहत का ख्याल तो अब जनाब मौलवी साहब रखते हैं... आप क्यों फिक्र करती हैं...?

अम्मीजान : हैं... क्या कहा?

अशफाक : हां, हां, अम्मीजान, आप तो जानती ही हैं कि पढ़ने-लिखने में अपना जी तो लगता नहीं... इसलिए बतौर सजा मौलवी साहब रोज उठक-बैठक लगवाते हैं खूब। सच अम्मीजान, अब अलग से कसरत करने की जरूरत ही नहीं रही... **(हंसता है, जोर से)**

अम्मीजान : **(शिकायत से)** लीजिए... लीजिए, यों लंबे हो गए, खजूर के दरख्त जैसे... अकल धेले भर की नहीं... मौलवी साहब का यों मजाक उड़ाते हैं! अरे, पढ़िएगा नहीं तो उठक-बैठक तो लगवाएंगे ही... यह लीजिए दूध...

(परिवर्तन संगीत)

(रात। मां का कमरा।)

अम्मीजान : अच्छू बेटे, मौलवी साहब की आज शिकायत थी कि पिछले तीन दिनों से आप मदरसे नहीं गए... तबीयत तो ठीक है न दुश्मनों की!

अशफाक : अम्मीजान, सच कहें, सच-सच कहें तो हमारा जी अब पढ़ने में कतई लगता नहीं। आप रात को हमें जो किस्से-कहानियां सुनाया करती थीं, अब हमें लगने लगा है कि वे सब सच हैं... 'गदर' का किस्सा भी आपने सुनाया था, हमें लगता है, वे सारे नजारे हमारी निगाहों के सामने हू-ब-हू गुजर रहे हैं... वह ठीक है कि आपके वालिदैन के खानदान ने अंग्रेजों का साथ देकर बड़ी-बड़ी नौकरियां हासिल कीं... लेकिन, बुरा न मानें अम्मीजान... हमारी खता मुआफ करें, हमें ये अंग्रेज कतई पसंद नहीं। लुटेरे हमारा वतन लूटकर विलायत ले गए, और हमारे पुरखे कुछ न कर सके। हाथ पर हाथ धरे बैठे रहे। हमें सूझता नहीं अम्मीजान, हम क्या करें?

*

(परिवर्तन संगीत)

(सुबह का वातावरण)

अम्मीजान : अच्छू मियां, आप मेले जाने की बात कह रहे थे, आपका जिस्म तो तप रहा है। अरे, इत्ता तेज बुखार...

अशफाक : अम्मीजान, बुखार न होता तो क्या हम अब तक बिस्तर पर पड़े होते!... मियां, आप हमारे लिए मेले से एक अच्छी-सी तलवार मंगवा दीजिए।

वालिद : बेटा, तुमसे कोई छीन लेगा तलवार...

अशफाक : मियां चांदी की नहीं, लोहे की मंगवा दीजिए, फिर कौन छीनेगा इसे?

वालिद/वालिदा : **(हंसते हुए)** अच्छा-अच्छा मंगवाए देंगे...

अशफाक : मियां, ऐसा तो आप कई मरतबा कह चुके हैं...

वालिद : बेटे, उसके लिए सरकारी लायसेन्स चाहिए।

अशफाक : **(तुनककर)** तो टिन की ही मंगवा दीजिए। मेले में खुलेआम बिकती हैं। हमने हजार बार कहा, पर आप 'हां-हां' करते रहेंगे, लाएंगे नहीं। अच्छा, अब जब हम बड़े हो जाएंगे, तो खुद खरीदकर लाएंगे!

(सब खिलखिलाकर हंस पड़ते हैं।)

एक स्वर : मुन्ना भाई, आप भी आइए...

मुन्ना यानी मुहम्मद शहर खां : सुन रहा हूं, अम्मीजान इस निकट्ठू की बातें! कहते हैं–खुद खरीद कर लाएंगे। अरे, कहिए न बड़े होकर खुद उसे भी किसी को दे आएंगे **(सब हंस पड़ते हैं।)** हजरत जब छोटे थे तो याद है, अम्मीजान आपका दूध पीते-पीते छोड़कर, पीछे पास खड़े दोस्त को चुपके से आपका दूध पिला देते थे। ऐसे दरियादिल देखे हैं, किसी ने?

(सब फिर हंसते हैं।)

(स्कूल का वातावरण)

करीम (छात्र) : भई अशफाक, आज तुम स्कूल देर से आए। सुबह पुलिस यहां आ घुसी थी। कमरे-कमरे में छान रही थी, उस अपराधी को। बाद में क्लास में ही धर-दबोचा उसे... दयाल, क्या नाम है

उसका... दसवीं में पढ़ता है न... यार छोटा-छोटा ठिगना-सा...

दयाल : अरे, वो भारती... राजा राम भारती!

विपिन : हां, हां वही! सुना है, किसी बड़ी डकैती में है उसका नाम...

अनीस : **(कान में फुसफुसाता है)** कहना नहीं किसी से... वह अंग्रेजों के खिलाफ लड़ रहे गिरोह के साथ है... **(कुछ रुककर)** अरे यार, क्या कहते हैं उन्हें! अंग्रेज भी डरते हैं उनसे... अरे, हां इनकलाबी। **(सब सन्न रह जाते हैं)** हैं... हैं... इनकलाबी!

अशफाक : **(कुछ सोचता हुआ)** अरे, अपने जमील भाई के साथ अकसर दीखता है। वही न छोटा-छोटा! बिना सींग की बछिया जैसा... सीधा-सादा! वह खाक इनकलाबी होगा!

दयाल : तू भी तो अशफाक...

अशफाक : **(दोनों हाथों से ताली पीटता हुआ)** या खुदा! किसी और के धोखे में पकड़ ले गई बिचारे को... सुना है, इनकलाबी तो बड़े जज्बाती होते हैं। बड़े खूंखार! खतरनाक...

*

(परिवर्तन संगीत)

(शाम का समय)

अशफाक : भाई, राजाराम जी... आदाब! मुझे अशफाक कहते हैं। आपके ही स्कूल में पढ़ता हूं...

राजा राम भारती : कहिए, कहिए रुक क्यों गए, अशफाक मियां...!

अशफाक : **(शंका से देखते हुए)** सुना है, इनकलाबी बड़े जज्बाती होते हैं!

राजा राम : जरूर होते हैं।

अशफाक : पर भाईजान आप तो–!

राजा राम : **(हंसते हुए)** मियां, राजा राम भारती जज्बाती नहीं होता तो इनकलाबियों के साथ कैसे जुड़ता? क्लास में आकर पुलिस पकड़कर क्यों ले जाती?

अशफाक : **(असमंजस में)** फिर आप छूट कैसे आए?

राजा राम : षड्यंत्र के सबूत नहीं जुटा पाई निकम्मी पुलिस!

अशफाक : यदि सबूत हासिल कर लेती तो फिर क्या होता?

राजा राम : फांसी होती और क्या?

अशफाक : **(आश्चर्य से)** आपको सीधे-सीधे फांसी हो जाती?

राजा राम : **(ठंडी सांस लेता हुआ)** मियां, अपनी इतनी खुशकिस्मती कहां? काश, वतन के लिए फांसी के तख्ते पर चढ़ पाता! ऐसी मौत किसी-किसी को नसीब हो पाती है...

*

(परिवर्तन संगीत)

अशफाक : **(स्वगत)** अरे, यह सामने सड़क पर कंधे पर झोला लटकाए राजा राम भारती जैसा कौन जा रहा है? साथ में एक लंबा-चौड़ा नौजवान...। जरा आगे बढ़कर देखूं तो!

(तनिक आश्चर्य से) अरे, राजा राम भाई आप हैं! मैं कहूं, लगते तो वैसे ही हैं... उस दिन मिले थे न हम! मुझे अशफाक कहते हैं...

राजा राम भारती : अरे, हम आपको पहचान रहे हैं भैया...। कहिए कैसे हैं?

अशफाक : ठीक हूं राजा राम भाई... **(कुछ रुककर)** सुना है, अपने शाहजहांपुर के ही एक इनकलाबी

आजकल अपने शहर में आए हैं... क्या नाम **(कुछ सोचते हुए)** हां, जनाब रामप्रसाद... तखल्लुस है–'बिस्मिल'... सुनते हैं, शायरी-वायरी का भी शौक रखते हैं...

राजा राम : **(उपेक्षा से)** तो–

अशफाक : भाई जान, हम उनसे मुलाकात करना चाहते हैं... **(साथ चल रहा अजनबी रूखी आवाज में)** क्या करेंगे मिलके?

अशफाक : बड़ी तारीफ सुनी है उनकी...

अजनबी : आप कपड़ों से, चेहरे-मोहरे से तो अच्छे खाते-पीते घर के लगते हैं। फिर क्या करेंगे इनकलाबियों से... जिस रास्ते जाना नहीं... **(गुस्से से)** अरे, अपना पढ़िए-लिखिए... जिंदगी में बहुत कुछ है करने के लिए। जाइए...

अशफाक : **(मायूस स्वर में)** भाईजान, हमने अब तक कोई इनकलाबी नहीं देखा... भाई रामप्रसाद जी अपने शहर के हैं... इस नाते अपना भी थोड़ा हक बनता है...

राजा राम भारती : अच्छा हम आपको एक बार उनसे मिलवा दें तो फिर तो आगे कभी परेशान नहीं करेंगे...न!

अशफाक : **(जिज्ञासा से)** बिल्कुल नहीं, हम वादा करते हैं।

राजा राम भारती : तो देखिए, ये खड़े हैं रामप्रसाद बिस्मिल...

अशफाक : **(तनिक आश्चर्य से कुछ क्षण देखते हुए)** आप तो हम जैसे ही हैं... हम आपसे मिलने आएं कभी...?

बिस्मिल : मियां, कहा न कि आप पढ़िए-लिखिए। मौजमस्ती कीजिए। हम जैसे सिरफिरों के साथ

रहकर खामखा वक्त जाया करने से क्या...

अशफाक : **(मरियम स्वर में)** अच्छा आदाब!

भारती : आदाब।

(बजरी पर पांवों के चलने की आवाज।)

बिस्मिल : (झिड़कते हुए) भाई राजा राम, तुम्हारा भी जवाब नहीं। इस बेचारे को कहां से साथ लगा लिया? ऐसे लोगों से हमें बचना चाहिए, जिनके बारे में अधिक नहीं जानते... पिछली बार खैरातीलाल को लिए घूम रहे थे... बाद में पता चला कि उसके चाचा सी.आई.डी. महकमे में हैं... अब आगे इसे कभी साथ न रखना। सारे किए कराये पर पानी फिर जाएगा...

राजा राम : जी...!

*

(दृश्य परिवर्तन)

(संगीत)

बिस्मिल की अम्मा : **(दुखित स्वर में)** रामा, तू दिन-रात भटकता रहता है... कभी...

बिस्मिल : **(बात की दिशा बदलते हुए)** अम्मा, आज कितनी अच्छी सब्जी बनाई है! कितने दिनों बाद आपके हाथ की रोटी नसीब हुई...

अम्मा : क्या करें रामा, तूने रास्ता ही ऐसा चुना है। मेरा दिल धड़कता रहता है... पता नहीं कब कौन-सी खबर सुनने को मिले...? फिरंगियों का नाश हो।

बहन : भैया, अम्मा खाते वक्त रोज आपको याद करती हुई रोती हैं—पता नहीं मेरे रामा को कितने दिनों से खाना नहीं मिल पाया होगा? लोग कहते

हैं कभी-कभी तो सूखे चने भी नसीब नहीं होते...। बीहड़ जंगलों में रहते हैं-भूखे-प्यासे...

बिस्मिल : अम्मा, आपका भी जवाब नहीं। जिस रास्ते पर हम चल रहे हैं, अगर उसमें दुख ही होता तो हम उसे क्यों अख्तियार करते! देश की सेवा का सुख सबकी नसीब में कहां होता है?

बहन : **(शरारत के स्वर में, छेड़ते हुए)** भैया, सामने वाली लखमी ताई कह रही थीं, तुम्हारे रामा के लिए मैंने चांद-सी बहू ढूंढ़ ली है... उनकी उमा बहन की... हरदोई वाली...

बिस्मिल : **(क्षणभर का मौन तोड़ते हुए)** अम्मा, क्या पुलिस यहां भी आई थी?

अम्मा : हां, दिन में कई चक्कर लगाए रही... **(चिंतित स्वर में)** रामा, चौकवाले पण्डितजी, कल दिन में यहां आए थे। कहते हैं, फिर से पुलिस अपने रामा को पकड़ने की फिराक में है। इससे अच्छा है, कुछ दिनों के लिए कहीं दूर भेज दो... **(दरवाजे की एकाएक जोर-जोर से कुण्डी खटखटाने की आवाज)**

अम्मा : **(चौंकती हुई)** शायद पुलिस ही है...तू रोटी खा... किवाड़ मैं खोलती हूं।

बिस्मिल : नहीं, नहीं अम्मा मैं जाकर देखता हूं।

बिस्मिल : कौन...?

अजनबी स्वर : मैं...

बिस्मिल : **(कुण्डी खोलने की आवाज)** मैं...कौन...?

अशफाक : मैं।

*

(दरवाजा खुलने की आवाज)

बिस्मिल : अरे...कौन...आप...अशफाक ही है न आपका नाम?

अशफाक : (संकोच से) जी...मैं...भारतीजी से पता चला कि इस वक्त आप घर पर ही हैं...

अम्मा : कौन है रामा? ये लालटीन देना बिट्टो...मैं नीचे जाकर देखती हूं। **(सीढ़ियां उतरने का स्वर)**

अम्मा : कौन है बेटा! अरे, भीतर तो आने दो इसे। बाहर क्यों खड़ा कर रखा है?

(फिर दरवाजा बंद होने की आहट)

अम्मा : बैठो, बेटे बैठो, इस मोड़े पर बैठो। रामा पहले तू खाना तो खा ले–।

बिस्मिल : नहीं, नहीं अम्मा ठीक है... रहने दो...

अम्मा : ये कौन है बेटे? आज पहली बार देख रही हूं...

बिस्मिल : ये हैं अशफाक मियां। राजा राम के स्कूल में पढ़ते हैं। इन्हें भी क्रान्तिकारी बनने का शौक चर्राया है...यों अच्छे खाते–पीते घर के हैं...सुना है गूजरों के कई गांवों की मिल्कियत है... खानदानी पठान हैं...राजा राम कह रहा था कि अशफाक मियां आप कई बार उनके घर के चक्कर काट चुके हैं... मिल चुके हैं...आप इन पागलपन की बातों को छोड़िए...खानदानी हैं आप। खूब पढ़िए–लिखिए और वालिद साहब का पुश्तैनी धन्धा संभालिए...हम सिरफिरों के साथ आपको जलालत और आखिर में मौत के अलावा और क्या मिलेगा...?

(थोड़ी देर की चुप्पी)

अशफाक : तो हमने भी तय कर लिया है...

बिस्मिल : कि मरने के लिए आप तैयार हैं! (**व्यंग्य से हंसते हुए**) मियां, देश के लिए मर मिटना हर किसी के बूते का नहीं होता...

अशफाक : (**गुस्से से तुनक कर**) मुल्क की खिदमत का ठेका क्या बिस्मिल भाई, आप लोगों ने ही लिया है? यह सब आप की ही बपौती है क्या? (**आवेश में**) रामप्रसाद बिस्मिल मुल्क के लिए मर सकता है...राजा राम भारती भी शहीद हो सकता है, पर अशफाक उल्ला नहीं, क्योंकि वह 'अशफाकउल्ला' है... उस पर भरोसा नहीं किया जा सकता...कहीं वक्त आने पर वह राज न खोल दे...

(क्षणभर के लिए सन्नाटे का वातावरण)

बिस्मिल : अरे भाई...मेरा मतलब यह नहीं था।

अशफाक : माफ कीजिए, कई दिनों से देख रहा हूं कि आप मुझसे कतरा रहे हैं। राजा राम घर पर होता है, पर कहला देता है कि घर पर नहीं है। मुझे देखते ही आप अजीब-सी उलझन में पड़ जाते हैं। भाईजान, आप सोच भी सकते हैं कि मैं आपकी कितनी इज्जत करता हूं। आपके बारे में इतना सुना, इतना कि मिलने के लिए बेताब था। यह मुल्क जितना आपका है, उतना ही मेरा भी है भाईजान...आप इत्मीनान रखिए...वक्त आने पर आपसे दो कदम आगे ही रहूंगा, पीछे नहीं...।

बिस्मिल : अरे भाई अशफाक, अब बस भी कीजिए। ठीक है...ठीक है, जो आप कहेंगे, वही करेंगे...

अम्मा : बेटे, झगड़ना बाद में, लो पहले यह रोटी खाओ!

अशफाक : माफ कीजिए अम्मा...घर में अम्मीजान हमारा इन्तजार कर रही होंगी।

अम्मा : अरे बेटे, हमारी तरफ देखो। क्या हम तुम्हारी अम्मीजान-जैसी नहीं? कोई फर्क लग रहा है कहीं? **(हंसती है)** ले खा खाना...पगला कहीं का...

*

(परिवर्तन संगीत)

अशफाक : अम्मा...

बिस्मिल : भाई रोशन अब चलें। आज की मीटिंग अच्छी रही। अनेक समस्याओं पर खुलकर बातें हुईं। **(कुछ धीरे स्वर में)** सुबह, सबको जरा जल्दी उठना होगा। किसी को कुछ भी पता न चले। **(कुछ रुककर)** अशफाक मियां आप भी चलिए। कल भारती के साथ आप भी कहीं वहीं आस-पास रहिएगा...

अशफाक : कहें तो कुछ और जल्दी आ जाऊं?

बिस्मिल : नहीं, नहीं मियां! ऐसी कोई बात नहीं। **(कुछ सोचते हुए)** आप तो वालिद साहब के साथ रहते होंगे न!

अशफाक : वालिद साहब को गुजरे तो अर्सा हो गया...

बिस्मिल : तो घर में अब कौन-कौन है?

अशफाक : वालिदा हैं। भाई जान हैं...

बिस्मिल : क्या करते हैं?

अशफाक : वही पुश्तैनी कारोबार। रही-सही जमींदारी। हां, मझले भाई खाली वक्त में शायरी कर लिया करते हैं...

बिस्मिल : शायरी? क्या नाम है?

अशफाक : मुहम्मद रियासत उल्ला खां।

बिस्मिल : **(आश्चर्य से)** अरे रे रे! रियासत भाई! अपने लल्लू मियां–

अशफाक : आप जानते हैं उन्हें?

बिस्मिल : अरे मियां, जानते ही नहीं खूब पहचानते भी हैं। अपने जिगरी दोस्त हैं। साथ-साथ पढ़े हैं न! **(बिस्मिल एक हल्की-सी धोल जमा देते हैं।)** पहले क्यों नहीं बतलाया तुमने? चलो, अब चला जाए।

*

(परिवर्तन संगीत)

(फ्लैश बैक से वापस वस्तु स्थिति पर)

टिकट चैकर : टिकट! टिकट दिखाओ! देख क्या रहे हो?

अशफाक : **(उनींदी आवाज में, हड़बड़ाते हुए)** है टिकट। **(कम्बल हटाते हैं थोड़ा-सा)** ये लीजिए–

टिकट चेकर : क्या नाम है?

अशफाक : नियामत अली।

टिकट चेकर : जाना कहां है?

अशफाक : गोरखपुर।

टिकट चेकर : लो टिकट। **(थोड़ी देर बाद पास ही)** ये बाबा, अपना टिकट दिखाओ। **(धीमा स्वर धीरे-धीरे और धीमा हो जाता है।)**

अशफाक : **(खीझते हुए)** पता नहीं यह कौन-सा स्टेशन है? भीतर-बाहर इत्ता अंधियारा है! रेल कहीं पर खड़ी लगती है। चलो अच्छा है, पहिए घूमने लगे हैं।

(पहिए चलने की खट-खट-खट की

आवाज निरन्तर आ रही है। दूर से रेल की सीटी-सी अंधकार को चीरती हुई।)

*

परिवर्तन संगीत

(फ्लैश बैक)

अशफाक : **(बाहर से)** अम्मीजान, भूख लगी है।

अम्मीजान : अच्छू बेटे, आप आ गए! हम कब से इंतजार में हैं आपके...अरे, बेटे पहचाना नहीं! ये आपके मामूजान है–हमारे बरकत भाई! रिश्ता लाए हैं... आपके लिए...

अशफाक : **(एकाएक गंभीर स्वर में)** आप तो जानती ही हैं अम्मीजान! हमने पहले ही आप सबसे कह दिया था कि हम अपनी शादी खुद करेंगे। आपको तकलीफ नहीं देंगे! रियासत भाई, आप चुप क्यों बैठे हैं, कुछ कहते क्यों नहीं?

अम्मीजान : **(सकपकाती हुई)** अच्छू बेटे–

बरकत : **(बात काटते हुए)** लाहौल विला कूवत। ये आप क्या फरमा रहे हैं अशफाक मियां! आप अपनी शादी खुद करेंगे! क्या हम बुजुर्गवार मर गए हैं? सुन रहे हैं, मियां लल्लू खां, जे का फरमा रहे हैं?

अशफाक : अम्मीजान, आप रोटी तो लाइए। हमारी जान निकली जा रही है। **(मामू की ओर देखते हुए)** मामूजान, इसमें हर्ज ही क्या है?

बरकत : हर्ज तो किसी में नहीं बेटे! सुना है आजकल आप काफिरों की सोहबत में हैं। **(गुस्से से कांपते हुए)** क्या कहते हैं...क्या नाम है सिरफिरे इनकलाबी का...रामप्रसाद बिस्मिल की शागिर्दी

में हैं...या खुदा, मोहल्ले के दाने दुश्मन तो यहां तक कहने से बाज नहीं आते कि अब आप खुद भी...उनमें शामिल हो गए हैं। इससे बड़ी तौहीन हमारे खानदान की और क्या हो सकती है?

अशफाक : **(उबलते हुए)** यह क्या फरमा रहे हैं मामूजान आप! बिस्मिल मुझे अपने छोटे भाई से भी अधिक मानते हैं। उनकी अम्मीजान ने कभी मुझमें और उनमें कोई फर्क नहीं समझा। मैं नमाज अता करता हूं, पण्डित रामप्रसाद पक्के आर्यसमाजी हैं, लेकिन हमने अपने को कभी दो नहीं समझा। ...रही बात आपके खानदान की। आपके वालिदैन के वालिदैन ने अट्ठारह सौ सत्तावन की लड़ाई में फिरंगियों का साथ दिया था। उसी गुनाह के धब्बे मिटाने के लिए मैंने यह जज्बाती रुख अख्तियार किया है...

अम्मीजान : अरे, अब खा भी। किस बहस में पड़ गया?

बरकत : हमारी खानदान पर न आएगा मियां! अगर कहीं हुकूमत को पता चल गया कि आप इनकलाबियों के साथ हैं और शाही सल्तनत के खिलाफ बगावत पर उतर आए हैं तो इस घर की एक-एक ईंट बिक जाएगी...सारा कुनबा यतीम होकर सड़क पर आ जाएगा।

अशफाक : मामूजान, यकीन रखिए, उस दिन आपकी चौखट पर भीख मांगने नहीं आएंगे...

बरकत : देख रहे हैं, लल्लू मियां...जे क्या फरमा रहे हैं? ठीक ही कहते हैं लोग कि काफिर इनकलाबियों ने इनका भेजा...

अशफाक : **(बात बीच में ही काटते हुए)** मामूजान, आप बुजुर्गवार हैं। हमारे खानदान के बड़े, इसलिए कुछ कह पाने की हैसियत हम नहीं समझते। वर्ना अगर किसी गैर ने इस लफ्ज का इस्तेमाल किया होता तो हम उसकी जुबान नोच लेते। दोजख में जाएं ये शैतान फिरंगी, जिन्होंने हम हिन्दुस्तानियों की सारी कौम तबाह कर डाली। भाइयों से भाइयों को लड़ाकर अपनी सल्तनत बरकरार रखी...**(कुछ रुककर)** आप तो पढ़े-लिखे हैं। इतना भी नहीं जानते कि गुलाम न हिंदू होता है, न मुसलमान। गुलाम सिर्फ गुलाम होता है। **(खाने की थाली हटाता है) (जाता हुआ)**

अम्मीजान : अच्छू बेटे, सुनो–यह बिना खाना खाए...यों थाली छोड़कर कहां जा रहे हो? (रोने का स्वर)

*

परिवर्तन संगीत (रात का वातावरण)

(दरवाजा जोर-जोर से खटखटाने की आवाज)

बिस्मिल की मां : **(दरवाजा खोलती हुई)** कौन?

अशफाक : **(घबराए स्वर में)** अम्मीजान, पण्डितजी हैं?

बिस्मिल की मां : हां है। भीतर आ जाओ। **(धीमी आवाज में)** कुछ और लोग भी हैं। उसके साथी। अंदरवाले कमरे में, चले जाओ।

अशफाक : पण्डितजी!

बिस्मिल : इतने घबराए हुए क्यों हो अशफाक?

अशफाक : पण्डितजी, इन पागलों ने आज फिर फसाद शुरू कर दिया। सात-आठ लोगों की जानें चली गईं।

बिस्मिल : कहां? कहां?

अशफाक : उसी मोहल्ले में, जहां पिछले हफ्ते झगड़ा फैला था। कई घर जल रहे हैं। देखिए न बाहर!

बिस्मिल : चलिए, चलिए! आप सब लोग भी चलिए...

बिस्मिल की मां : अरी बिट्टो, पानी नहीं लाई? अशफाक उत्ती दूर से भागता हुआ आया है...

अशफाक : अम्मीजान, पानी फिर–

(सीढ़ियों से जल्दी-जल्दी उतरने की आवाज।)

बिस्मिल की मां : **(स्वयं बुदबुदाती है)** कैसे पागल हैं लोग... दोनों उस दिन अपने हाथ जलाकर लाए थे। अशफाक मुझसे लड़ रहा था–अम्मीजान, हमारे मुसलमान भाई मुझे काफिर कह रहे थे। बावला, अपने आप हंसता चला जा रहा था। कित्ता भोला है!

*

(दृश्य परिवर्तन संगीत)

बिस्मिल : **(दूर से निकट आता हुआ स्वर)** लल्लू मियां, सुबह-सुबह चारपाई पर ये कौन-से कागज बिखरे हुए हैं। शायरी हो रही है क्या?

रियासत उल्ला : आओ, बिस्मिल भाई! शायरी नहीं, जमीन-जायदाद के कुछ कागज ढूंढ़ रहा हूं। ये सरकारी अफसर-हाकम बेकार का बखेड़ा खड़ा किए हैं। बाप-दादाओं की जायदाद का अब बचा ही क्या है। अरे, आप खड़े क्यों हैं? तशरीफ रखिए न!

बिस्मिल : हम बैठ जाएंगे, पर आप इस तरह जल्दी-जल्दी कागज क्यों समेट रहे हैं? अपना काम जारी रखिए।

रियासत उल्ला : काम तो चलता रहेगा। आप कब-कब यहां आते हैं? **(कुछ रुककर)** अशफाक से मिलने आए हैं न!

बिस्मिल : **(हंसते हुए)** हम आपसे, सिर्फ आपसे मिलने आए हैं रियासत भाई! **(कुछ सोचते हुए)** सुना है, आप अशफाक मियां से बेहद खफा हैं...

रियासत उल्ला : **(बनावटी गुस्से से)** हजरत बड़े इनकलाबी बने हैं। उस दिन दंगों में घुस गए, बीच-बचाव करने, तो अपनी टांग तुड़वाकर लौटे। अम्मीजान तीन रात सो नहीं पाईं। **(गहरी सांस लेते हुए)** हमने अपनी जिंदगी में और तो कुछ हासिल नहीं किया। हां, एक-दो दोस्त थे, तुम्हारी तरह गैर जिम्मेदार...लगता है, वे भी छिन गए...

बिस्मिल : **(जोर से हंसते हुए)** तो हजरत इसलिए अपने अशफाक मियां से खफा हैं...यार लल्लू मियां, वह भाई तो तुम्हारा है, पर लगता है जैसे पूर्व जन्म का हमारा भी कुछ रिश्ता है उससे।

रियासत उल्ला : इस जन्म का भी है यार। बदकिस्मत तो सिर्फ हम निकले। **(दोनों हंस पड़ते हैं।)**

*

(परिवर्तन संगीत)

बिस्मिल : **(धीमे स्वर में)** जरा धीरे-धीरे जोगेश' दा, निर्जन जंगल में, इस घिरते अंधियारे में, जहां हाथ को हाथ नहीं सूझ रहा है, हम सुरक्षित नहीं। पता नहीं कब, कहां से कौन आ टपके! याद है, पिछली बार क्या हुआ था? हमारे पहुंचने से पहले ही पुलिस पहुंच चुकी थी।

जोगेश : **(हंसते हुए)** उस दिन तो कोमाल ही हो गया था...

राजेंद्र लाहिड़ी : **(गंभीरता से)** सुनो जोगेश' दा, हम बोल रहा था, ओर्गनाइजेशन चलाने का वास्ता मीन्स चाहिए। हथियार खरीदना है...दौल को ठीक तरीके से ओर्गनाइज करना है। मौनी के बिना कइसे चलेगा– ?

जोगेश' दा : एच.आर.ए. नॉर्थ इंडिया में औच्छा काम किया। जोगेंद्र ठीक बोलता है...

बिस्मिल : हमारा संगठन ऐसा है कि हम किसी से चंदा भी नहीं मांग सकते।

लाहिड़ी : तौ भी तो बोल्ता है कि लूटा–लाटी के बिना मोनी कहां से आएगा?

अशफाक : हमें तो लगता है कि हमारे ऐसे कामों से अंग्रेज चौकन्ने हो जाऐंगे...। कोई दूसरा रास्ता अख्तियार करना चाहिए...

बिस्मिल : अशफाक ठीक कहता है, पर कोई दूसरा तरीका सूझता नहीं। पहले हमें हर कीमत पर हथियार चाहिए। माउजर पिस्तौलों के बिना काम नहीं चल पाएगा...

लाहिड़ी : होम सहमत हैं। फुल्ली एग्री। बिस्मिल से सोहमत हैं, लेकिन किया करें सोचो? बैंक का खोजा–खोजी करो पहले...

बिस्मिल : **(गंभीर स्वर में)** सहारनपुर से जो ट्रेन लखनऊ जाती है उसमें सरकारी खजाना रहता है...अगर ट्रेन बीच ही रोककर...मुझे लगता है बैंक को लूटने के मुकाबले यह कम जोखिम का काम है....

जोगेंद्र' दा : ठीक बोला बिस्मिल! ऐक्सन का जिम्मेदारी तुम्हारी... बाकी काम सेकण्ड इन कमाण्ड देखेगा...कउन देखेगा...?

बिस्मिल : **(कुछ क्षण का सन्नाटा तोड़ते हुए, गंभीर स्वर में)** अशफाक कैसा रहेगा?

लाहिड़ी : बौत अच्छा रहेगा...क्यों अशफाक भाई?

अशफाक : मेरी खुशकिस्मती...बिस्मिल भाई! आप लोगों ने मुझ नाचीज को इस काबिल समझा।

*

(दृश्य परिवर्तन संगीत)

(रात का वातावरण)

अम्मीजान : अशफाक ठीक कह रहा है, लल्लू बेटे! उसका रास्ता यही है। **(कुछ रुककर)** हमें कोई ऐतराज नहीं है बेटे...दुनिया में उसी का नाम रौशन हुआ है, जो खुदगर्जी से ऊपर उठा है। पर बेटे...

अशफाक : **(आहत स्वर में)** अम्मीजान, मैं जानता हूं, आपके जज्बातों को। मुझे मालूम है अम्मीजान, अगर मुझे कुछ हो गया तो आप रो-रोकर अपनी जान दे देंगी...आपने ही तो कहा था.. क्या नहीं कहा था...मुल्क की खिदमत में जो भी किया जाए, वह कम है...

*

(परिवर्तन संगीत)

(सुबह। जंगल का वातावरण)

बिस्मिल : अच्छा किया लाहिड़ी, हम इस एकांत में दिन निकलने से पहले ही यहां इकट्ठा हो गए। हां, शचींद्र और मन्मथ नहीं दीख रहे हैं...

लाहिड़ी : ओ, आ रहे हैं पण्डितजी...

अशफाक : शहर में अब खतरा है...पण्डितजी...सी.आई.डी. को भनक पड़ गई है, शायद।

बिस्मिल : लगता है इंद्रभूषण के मार्फत जो चिट्ठियां आती थीं...वे खुल रही हैं...बहुत-सी राज की बातों का पता, पुलिस को चला गया है...शहर में अब सबका एक साथ मिलना खतरे से खाली नहीं है...

शचीन्द्रनाथ : बाबा, जोल्दी-जोल्दी सब करो...पोकड़ा-पोकड़ी हो जाएगा...

(दादा के बंगला उच्चारण पर सब हंस पड़ते हैं।)

रोशन सिंह : पण्डितजी, अब तय हो जाए...कौन-कौन कब? कहां? किस तरह हो?

बिस्मिल : हमारे अलावा, हमारे अभियान में मुरारीलाल, केशव चक्रवर्ती, चंद्रशेखर आजाद, मुकुंद लाल गुप्त होंगे...किस समय, कब, किस तरह—इसके लिए एक बार फिर मिलना होगा।

अशफाक : लेकिन राम भाई कब?

बिस्मिल : (गंभीर मुद्रा में, गहन चिंता के साथ) पुलिस किसी-न-किसी बहाने हमें फंसाने के लिए जाल बुन रही है...अभी तक हम पूरे हथियार ही नहीं जुटा पाए है...दो-तीन दिन यह भी...लेकिन हां, अब आगे हम सबका साथ रहना, किसी भी जंजाल का कारण बन सकता है...थोड़ी-सी असावधानी...

अशफाक : हमारे पास इसका भी इलाज है, भाई जान... जल्दी ही हम अगली बार फिर आसानी से मिल सकते हैं...परसों जनाब कमर लखनवी हमारे गरीब खाने में तशरीफ ला रहे हैं...रियासत भाई अम्मीजान से कह रहे थे...जनाब हयात साहब

के दौलतखाने में मुमकिन है...तो वहीं हम सब... इसी बहाने...शेरोशायरी के साथ–(सब हंस पड़ते हैं।)

*

(परिवर्तन संगीत)

एक स्वर : वाह–वाह क्या खूब कही जानम 'अश्क बरेलवी' साहब ने–रात ढलती नहीं, शमा बुझती नहीं!

कोई एक स्वर(पीछे से): अरे मियां, शमा बुझ जाएगी तो क्या अंधेरा नहीं छा जाएगा?

(सम्मिलित हंसी का स्वर)

संचालक : अब अशफाक साहब–!

अशफाक : चमन में खिंजा अपने अठला रही है
कयामत गुलो–गुंचों पर आ रही है
जुमीं चर्ख बनकर सितम ढा रही है
सुनो रो के बुलबुल ये क्या गा रही है?

अनेक श्रोता : इरशाद! इरशाद!

संचालक : जब जवाब बिस्मिल का कलाम...

बिस्मिल : साकी को दिखा देंगे अंदाज फकीराना
टूटी हुई बोतल है, टूटा हुआ पैमाना
ये चश्के हकीकी भी, क्या तेरे सिवा देखें,
सिजदे से हमें मतलब, काबा हो या बुत खाना!

शोरगुल : वाह! वाह! क्या खूब!!

(मुशायरा समाप्त होने पर, सब के शोरगुल के साथ एक साथ उठने का संकेत)

एक स्वर : चलिए साहब! क्या शानदार रहा मुशायरा। लाहिड़ी...जोगेंद्र भाई...चलना नहीं! अब तो सवेरा होने को है....(कुछ रुककर) हां, दोपहर को

सबको चलना है। हुलिया ऐसा बना लेना होगा कि कोई पहचान न पाए। मैं अलीगढ़ी कुर्ता-पाजामा पहन लूंगा। चंद्रशेखर 'आजाद' कोट, कमीज और धोती में। मन्मथनाथ गुप्त फटी चादर लपेट लेंगे। बख्शी गांव वालों की जैसी छोटी धोती और अशफाक कंधे पर पोटली धरे, माथे पर टीका-चंदन। ठीक है ना!

*

(दृश्य परिवर्तन संगीत)

आजाद : अरे, यहां तो सचमुच में कोई पहचाना नहीं जाता! अशफाक ठीक... **(हंसते हुए)** चलो, दिन चढ़ गया है। यह तो हू-ब-हू पंडित लग रहा है। धीरे-धीरे चलें अब। क्यों बिस्मिल, कितनी दूर है कावेरी यहां से-?

बिस्मिल : हर से हद दो मील!

आजाद : तब तो अभी कुछ समय है। वक्त से पहले पहुंचना और वहां इंतजार करना भी खतरे से खाली नहीं. .. थोड़ी देर यहीं कहीं सुस्ता लें तो कैसा रहे?

बख्शी : तो दुर्गागंज चलें। गांव में पीने का पानी मिल जाएगा।

अशफाक : गांव के लोगों को शक हो गया तो-

बिस्मिल : अच्छा, ऐसा करते हैं, वह सामने नदी का खेड़ा है-हातिम खेड़ा। नटों का गांव। ढोलक के साथ किसी के आने की आवाज आ रही है। पानी तो मिल ही जाएगा वहां और कोई पहचानेगा भी नहीं। यही सुरक्षित रहेगा...

जोगेन्द्र : चलो! चलो!! वहीं थोड़ा आराम करेंगे...

*

(परिवर्तन संगीत)

बिस्मिल : वो सामने झुपड़िया के आगे एक बुढ़िया दीख रही है। चलो, उधर चलें। प्यास भी लग आई है।

अशफाक : अम्मा, पानी पिलाएंगी—? प्यास से हलक सूख रहा है...।

बुढ़िया : क्यों नहीं बिटवा! **(तभी कुछ सोचती हुई)** पर हम लोग छोटी जात हैं बेटे! हमारे हाथ का पानी कैसे पियोगे? बरामन जैसे लगत हो। टीका। चंदन। सुमरनी।

अशफाक : हम जब तुम्हें 'अम्मा' पुकार रहिन, और तुम हमें बेटा कहित रहित, तब का जात तुम्हारी, का हमारी! **(तनिक गुस्से से)** लाओ भी न अम्मा पानी, पियास लगत रहन...!

बुढ़िया : **(पानी पिलाती हूं)**

बिस्मिल : कित्ता ठंडा पानी है! घड़े का! अशफाक, तुम पी चुके? आजाद भाई को बुलाओ। मन्मथ और बनारसी से भी कहो। फिर आगे नहीं मिलेगा...

*

(परिवर्तन संगीत)

(पास ही ढोलक बज रही है। एक नारी स्वर वातावरण में मादकता घोल रहा है। सारंगी की मधुर आवाज उसका साथ दे रही है।)

तोर कजरवा दिल जानी गजब करे।
मीठी बतियां, मीठी ठिठोलियां,
सांची कहूं गोरी, जे दिल में लागे गोलियां
गजब करे, जानी गजब करे
चाल तोरि मस्तानी गजब करे!

एक ग्रामीण दर्शक : बिजुरी है, चंदनवती छाछात बिजुरी...।

एक ग्रामीण अधेड़ : अरे, सरदू का कहने हैं... का ठुमका लगात है... धरती फट जहि है...

ग्रामीण महिला स्वर : बिटिया सुनवाइन, जौंन काकोरी के नवाब साहब के सुनौले रहे!

गायिका चंदन : 'तरसे हो नयना, तुम्हारे दरसन के' जेहि ना!

महिला : हां! हां!!

चंदन : **(अलाप लेती हुई)** 'तरसे हो नयना'...

*

(परिवर्तन संगीत)

चन्द्र शेखर आजाद : लो बिस्मिल, आ गया काकोरी स्टेशन! गाड़ी खड़ी है। शोरगुल है।

(रेलगाड़ी की सीटी) इंजन का भक्-भक् स्वर! भीड़! (गाड़ी चलने लगती है) पर तभी जोर का ब्रेक लगता है।

आजाद : खड़े क्यों हो? अरे, चलो! चलो! देखते क्या हो?

(गोली चलने की आवाजें। चीखने-चिल्लाने के स्वर! भगदड़! हो-हल्ला!)

*

(परिवर्तन संगीत)

हॉकर : **(भागते-भागते)** घबराए स्वर में
काकोरी में कल शाम ट्रेन डकैती!
ट्रेन डकैती। भयंकर ट्रेन डकैती!
पूरी ट्रेन लूट ली!
सरकारी खजाना लूट लिया!
लुटेरे फरार!

*

(परिवर्तन संगीत)

अम्मीजान : नहा लिए बेटे अशफाक!

अशफाक : जी हां अम्मीजान! **(तनिक धीमे स्वर में)** बैठक में रियासत भाई के साथ कौन बैठे हैं, जो अखबार पढ़ रहे हैं?

अम्मीजान : जे हमारे दूर के रिश्तेदार हैं। सरकारी मुलाजिम। तुम से मुलाकात करने आए हैं।

पहले मेहमान : **(दूर से)** हम तो समझते हैं कि यह काम लुटेरों का होगा पर...

दूसरे मेहमान : पर क्या? अब आपको लग रहा है कि यह आपने या मैने किया होगा–?

(सब हंसते हैं।)

पहले मेहमान : (खिसायते हुए) नहीं मियां, हमारा मतलब जे नहीं...जे काम किसी आला दिमाग का है। सुलझे हुए इनसान का! देखा, सेकण्डों में कितनी सफाई से हो गया सब! डाकू ऐसा नहीं कर सकता। **(अशफाक की ओर)** क्यों अशफाक मियां?

अशफाक : हम क्या बताएं? आप ही कुछ सुझा सकते हैं। बड़े महकमे में, आला अफसर हैं...

पहले मेहमान : अमा, जे कहां जा रहे हैं? अशफाक मिंया, हम तो आप से मिलने इत्ती दूर से आए हैं।

अशफाक : **(झुंझलाते हुए)** मियां अब हम क्या बताएं? इस केस में दम ही क्या है?

पहले मेहमान : हद कर दी आपने तो अशफाक मियां! 'सी. आई.डी.' महकमे के सदर हार्टन साहब की नींद हराम हो रही है और आप फरमा रहे हैं...

अशफाक : **(यों ही हंसने का प्रयास करते हुए)** हुजूर, आप बजा फरमा रहे हैं। हार्टन साहब भी बजा

फरमा रहे हैं। ये मामले सियासी हैं। हम और आप क्या कर लेंगे?

दूसरे मेहमान : अरे क्यों, सियासी मामलों पर ही तो बोलना पड़ता है न! घरेलू मिसायल लेकर क्या कोई शरीफ आदमी चौराहे पर जाएगा?

अशफाक : **(झुंझलाते हुए)** मियां, आपकी बातों से लग रहा है, कहीं आप ने ही तो नहीं किया यह काम–?

पहले मेहमान : क्या फरमा रहे अशफाक मियां? आपका भेजा तो दुरुस्त है?

अशफाक : हमारा भेजा दुरुस्त न होता तो हम आपसे ऐसी बातें कहते ही क्यों? **(रुक कर)** लोग तो मियां यहां तक कह रहे हैं कि सरकारी खजाने से जो रुपया मोहरबंद थैलों से ले जाया गया, उसे ले जाने वाले की शक्ल हू-ब-हू आप से मिलती है। अगर मैं अभी, इसी वक्त पांच चश्मदीद गवाह खड़े कर दूं तो...!

पहले मेहमान : लाहौल विला कुवत। अशफाक मियां आप होश में तो हैं न! हम बर्त्तानबी हुकूमत के खैरमन्द हैं... खैरख्वाह! जिंदगी भर हुजूर सरकार का नमक खाया है। उम्र भर ताबेदारी की है।

अशफाक : मियां, आप हमारे बड़े हैं। हम ऐसा कुछ नहीं करेंगे, जिस से हुजूर की इज्जत पर बट्टा लगे। काकोरी में कल क्या हुआ, हमें क्या मालूम। पर हम आप से पूछते हैं कि खामखा आप परेशान हुए जा रहे हैं। इत्ते अर्से बाद तशरीफ लाए हैं और यह बेकार के किस बखेड़े में पड़े हैं!

दूसरे मेहमान : अशफाक मियां, आप तो उठ के जा रहे हैं, नाराज होकर। हम तो गुफ्तगू...

अशफाक : मुआफ कीजिए हुजूर। हमें अभी जोहड़ जाना है। करीम भाई कह रहे हैं, वहां किसी की लाश पड़ी है। **(पहले मेहमान की ओर देखते हुए)** अब क्या कहें? जब लोग बुरा काम करेंगे तो उन्हें उसका हश्र भी तो देखना होगा। कोई किसी को यों ही मारकर तो जोहड़ में नहीं फैंक देता। अच्छा आदाब...

*

(दृश्य परिवर्तन संगीत)

(रात! टिक्-टिक् घड़ी की आवाज। हौले से दरवाजा खुलने की आहट)

अम्मीजान : कौन–?

अशफाक : मैं हूं अम्मीजान अशफाक! आप अभी सोई नहीं–? लालटेन जल रही है...

अम्मीजान : यह अखबार पढ़ते-पढ़ते न जाने किन ख्यालों में खो गई? आप ने पढ़ा अशफाक मियां, अखबार में लिखा है कि ट्रेन डकैती के वक्त एक पर्चा भी वहां पड़ा था, जिसमें लिखा था– 'हम अंग्रेजी हुकूमत का खजाना लूट रहे हैं। किसी से हमें कोई मतलब नहीं। हम जो कुछ भी कर रहे हैं, अपने मुल्क के लिए कर रहे हैं। **(दोनों देर तक चुप रहते हैं। सन्नाटा-सा रहता है)**

अशफाक : अम्मीजान, आपने ही तो सिखाया था, मुल्क क्या होता है? अपने मुल्क की खिदमत में अपनी जान तक कुर्बान कर देना बड़ी बात नहीं

होती। आज आप को कहीं अफसोस तो नहीं हो रहा–?

अम्मीजान : **(तड़प कर)** अशफाक बेटे, आप यह क्या कर रहे हैं? अभी आपके जज्बातों के बारे में ही मैं सोच रही थी। अपने मुल्क के लिए कुछ भी करना कम होता है...इनकलाबी बनकर आपने हमारे खानदान का नाम रोशन किया है। हम जिएं, न जिएं, पर हमारा यह मुल्क जीता रहे, हमारी एक ही दिली ख्वाहिश है...

अशफाक : **(सन्नाटा तोड़ते हुए)** अम्मीजान, हमें खुद मालूम नहीं, हमें अपने इस बदनसीब मुल्क से क्यों इतनी मोहब्बत है? हमें यहां के जर्रे-जर्रे में आपकी रूह दीखती है। **(कुछ रुककर)** अम्मीजान, आप जानती ही हैं हम इनकलाबियों की जिंदगी का कोई भरोसा नहीं। पता नहीं फिर कभी कह पाएं कि नहीं। **(कुछ रुककर)** बिस्मिल भाई और रियासत भाई में, आप में और बिस्मिल भाई की अम्मीजान में हमें कभी कोई फर्क नजर नहीं आया। हमारे साथ कभी भी, कोई भी हादसा हो सकता है। राम प्रसाद भाई के घर की माली हालत हमें अच्छी नहीं लगती। राम प्रसाद भाई के बाद उन लोगों के सिर पर किसी का साया नहीं!...इसलिए अम्मीजान, आप लोगों के होते हुए वे बेसहारा न रहें, आपके घर में चूल्हा जले तो उनके घर में भी अंधेरा न रहे! दो रूखी रोटी बांट के खाना... अम्मीजान...!

*

(परिवर्तन संगीत)

जोगेश : बिस्मिल भाई हथियारों की खरीद के लिए बनारसी जो रुपए ले गया था, उसका हिसाब नहीं मिला...अशफाक भाई, पांच माउजर खरीदने का जिम्मा आपका था।

अशफाक : वह–

बिस्मिल : हां, वह अशफाक पूरा कर देंगे। यह काम हमारे जिम्मे! **(सोचते हुए)** कार्यकर्ताओं में कुछ रुपए बांटने होंगे। कुछ खर्चे ऐसे भी होते हैं, जिनकी कटौती हो ही नहीं सकती...वे हमारे हाथ-पांव हैं। अशफाक, आप बजा फरमा रहे थे–। हमें अब अपना काम बड़ी मुस्तैदी से फैलाना है... पर बिना पूरे पैसे के गाड़ी आगे कैसे चल पाएगी?

जोगेश : काकोरी-केस का जांच अब खुद हॉर्टन कर रहा है...एक हफ्ते में दो बार काकोरी हो आया है...वह शैतान अपने पंजे फैलाने लगा है...

बिस्मिल : हां **(सहसा कुछ याद हो आता है)** इन्दु भूषण के मार्फत चिट्ठियां मंगवाना बंद करना पड़ेगा... खत खोले जाने से खतरा बढ़ गया है... बनारसी हथियार खरीदने के लिए बड़ी रकम ले गया था, पर...उसकी हरकतें ठीक नहीं। सुना है, कोठे पर भी जाता है। ऐयाश आदमी कभी भी क्रान्तिकारी नहीं हो सकता। कभी भी उसे खरीदा जा सकता है...रहा सवाल हॉर्टन का। वक्त आने पर उसका इलाज भी कर दिया जाएगा....।

*

(परिवर्तन संगीत)

(चौराहे पर शोर! भीड़)

हॉकर : 'सी.आई.डी.' के बड़े हाकिम हॉर्टन के बंगले में गोला फैंका गया...लखनऊ का बड़ा डाकखाना लूट लिया गया...

*

(परिवर्तन संगीत)

एक स्वर : रियासत उल्ला साहब! भाई रियासत उल्ला साहब!

(दरवाजा पीटने की आवाज)

रियासत उल्ला : **(भारी आवाज से दूर से)** कौन–?

स्वर : दरवाजा खोलिए–!

(कुण्डा खुलने का स्वर)

रियासत उल्ला : अरे, फसाहत साहब आप! इत्ती सुबह! मुंह अंधेरे में!

फसाहत : अशफाक उल्ला खां के खिलाफ वारण्ट है। गिरफ्तारी का...!

रियासत : वजह–?

फसाहत : प्रतापगढ़ जिले में अभी जो डकैती पड़ी थी, उसकी माल-तलाशी भी करनी है।

रियासत : **(कुछ सोचते हुए गंभीर स्वर में)** तलाशी से पहले भीतर पर्दा करना होगा... जनानखाने में...

फसाहत : यहीं से आवाज दे दीजिए–।

रियासत : क्या कह रहे हैं इंस्पेक्टर साहब! मैं भीतर जा कर पर्दे का इंतजाम करता हूं। बाद में आप जो करना हो शौक से कीजिए, पर यह न भूलिए कि हमारी भी कुछ इज्जत है...मैं अभी आता हूं।

(फर्श पर जूतों की आवाज)

रियासत : **(धीमे स्वर में फुसफुसाते हुए)** अशफाक कहां हैं?

जनाना आवाज : सामने दालान में सो रहे हैं...।

रियासत : **(धीमी आवाज में जगाते हैं)** अशफाक मियां, पुलिस आई है, आपको गिरफ्तार करने।

अशफाक : तो क्या फर्क पड़ता है भाईजान! करने दीजिए गिरफ्तार!

रियासत : आप 'बैनगार्ड' अखबार की सारी कापियां लेकर ऊपर जाइए जल्दी से।

(कुछ तीखे स्वर में)

(सीढ़ियां उतरने की आवाज)

रियासत : तशरीफ लाइए इंस्पेक्टर साहब! ले लीजिए तलाशी। जनानियां ऊपर पर्दे पर चली गई हैं...

फसाहत : चलिए। आप नहीं जानते रियासत मियां, अशफाक से हमारी कितनी गहरी वाकफियत है! जरा आ जाने दीजिए। फिर होंगी बातें...

रियासत : इंस्पेक्टर साहब, अशफाक यहां कहां है! उन्हें फरार हुए घण्टों हो गए। अब तक तो सौ-सवा सौ मील से ज्यादा दूर पहुंच गए होंगे।

फसाहत : **(आश्चर्य से)** क्या? क्या फरमा रहे हैं मियां आप?

रियासत : **(शांत स्वर में)** हुजूर हुआ यह था कि चौकी से एक इंस्पेक्टर आए थे। अशफाक मियां के अजीज। वे आकर आगाह कर गए थे... उसी समय वे अपना जरूरी सामान समेटकर निकल भागे थे। चार सौ रुपए मैंने दे दिए थे, जरूरी खर्चे के लिए...

फसाहत : मेहरबानी करके उस इंस्पेक्टर का नाम तो बता दीजिए?

रियासत : **(जोर से हंस पड़ते हैं)** वाह! वाह! क्या खूब! नाम बतला दें आपको? क्यों भई?...

फसाहत : मैं देख लूंगा उसे। **(गुस्से में जाता है)**

(दरवाजा जोर से बंद करने की आवाज)

रियासत : (आते हुए) भगा दिया शैतान को! सुना है, रामप्रसाद बिस्मिल कल रात गिरफ्तार कर लिए गए हैं... अशफाक मियां, आपके नाम भी वारण्ट था। **(अशफाक के और निकट जाकर और धीमे स्वर में)** लोग कह रहे हैं, इस सबकी जड़ में बनारसी है... **(कुछ रुककर)** अब कुछ करना चाहिए?

अशफाक : मुझे भी गिरफ्तार हो जाना चाहिए।

रियासत : क्या फायदा होगा? बाहर रहकर कुछ काम किया जा सकता है...पर यहां पुलिस किसी भी समय छापा मार सकती है। सोचते हैं...

*

(दृश्य परिवर्तन)

रियासत : **(धीरे-से)** अशफाक उठिए!

अशफाक : भाईजान...

रियासत : उठिए जल्दी से। अभी बाहर काफी अंधेरा है। फौरन बाहर निकल जाइए। मुझे लगता है, फसाहत मियां फिर छापा मारेंगे। वे काफी बौखलाए हुए खाली हाथ लौटे हैं।

अशफाक : जाना कहां है...?

रियासत : उस सब का इंतजाम हो चुका है। जैसा हम

बतला रहे हैं, वैसा करते चले जाइए। आप कर सकेंगे? फटे कपड़े पहन कर, लंगड़ाते हुए, इस लाठी की मदद से चलना है। हिफाजत के लिए एक-दो आदमी इसी तरह के आप के साथ-साथ चलेंगे। मस्जिद के पीछे आम की बगिया वाले अंधेरे चौराहे में आपको एक तांगा खड़ा मिलेगा। चुपचाप उस पर बैठ जाइए। वह आपको शहर के बाहर, गांव की सरहद से भी आगे ले जाकर हमारे गन्ने के खेतों में उतार देगा। आपको वहीं छिपकर रहना है। रोटी-पानी हम यहां से भिजवाते रहेंगे...अरे, भाई हमें देख क्या रहे हैं...उठिए और निकलिए।

*

(दृश्य परिवर्तन संगीत)

आगंतुक : **(धीमी आवाज में)** अशफाक मियां! **(कहीं कोई स्वर नहीं! केवल गन्ने के पत्तों को हटाने का अहसास)**

आगंतुक : मियां अशफाक...!

अशफाक : **(कुछ दूर से आहट के बाद हल्की-सी आवाज)** कौ-न? इनाम अली...इधर-उधर...

इनाम अली : रियासत मियां ने रोटी भिजवाई है... आज के लिए और कल के लिए भी...

अशफाक : **(हंसते हुए)** मियां, कल के लिए भी क्यों-?

इनाम अली : कल कहीं कोई वारदात हो पड़ी तो क्या होगा? कल आपके निकलते ही पुलिस ने घर पर फिर छापा मारा। उसे शक था कि कहीं आप घर पर ही तो छिपे नहीं!...पुलिस आपकी तलाश में सीतापुर तक पहुंच गई है...

अशफाक : मियां, हम तो इनकलाबी हैं। कभी भी कोई हादसा हो सकता है, लेकिन आप क्यों अपनी और अपने बाल-बच्चों की जिंदगी तबाह करने में तुले हैं?

इनाम अली : अशफाक मियां, यह ठीक है कि हम अनपढ़ हैं। जाहिल। गंवार। लेकिन मियां, इतना तो जानते ही हैं कि वतन के लिए आपने अपने को कुर्बान कर दिया है। हमारा क्या है? यहां भी बढ़ई! जेल जाएंगे तो वहां भी यही धंधा करेंगे...। **(रुककर)** मियां, कल से भूखे हैं। ये रोटी खाइए...अम्मीजान ने खुद अपने हाथ से सैंकी हैं। कह रही थीं—हमारे अच्छू मियां को सिंकी रोटियां बहुत पसंद हैं। सच मियां, बड़ी जिगरे वाली अम्मीजान हैं। भला कोई मां अपने बेटे को यो मौत के मुंह में जानबूझकर जाने दे सकती हैं?

अशफाक : छोड़िए भी मियां! लीजिए, आप भी नौश फरमाइए।

इनाम अली : नहीं, नहीं। **(कुछ रुककर)** हुजूर इजाजत दें तो मैं चलूं!

अशफाक : हां, हां मियां आप तशरीफ ले जाइए। कल मत आइए रोटियां बहुत पड़ी हैं! फिर खतरा भी तो है...

इनाम अली : अच्छा, आदाब!

(रोटी का डिब्बा खोलने की, पानी को बर्तन में उड़ेलने की आवाज! कुछ क्षण की शांति के बाद गन्ने के पत्तों के सरसराने का जैसा अहसास)

इनाम अली : माफ कीजिए हुजूर, एक जरूरी बात तो कहना ही भूल गया। **(और निकट से धीमा स्वर)** हुजूर, बड़े मियां फरमा रहे थे कि रात तीन बजे आप तैयार रहें। चार हथियार बंद आदमी भेजेंगे हुजूर। वे आपको टेसन छोड़ देंगे। आपका यहां से गोरखपुर तक का टिकस होगा रेल का! वहां से चुपचाप निकल कर नेपाल...खर्चा-पानी भी हुजूर आपके लिए उन्हीं के मार्फत भिजवा देंगे... अच्छा आदाब!

*

(परिवर्तन संगीत)

(रेलवे-प्लेटफार्म की ध्वनि प्रभाव! पान बीड़ी सिगरेट)

एक यात्री : अए भई! गोरखपुर आ गया...! उतरते क्यों नहीं?

अशफाक : गोरखपुर **(पान! बीड़ी! सिगरेट! ऊंची-ऊंची आवाजें)**

हॉकर : (ऊंचे स्वर में) आज की ताजी खबर! आज की ताजी खबर! काकोरी ट्रेन डकैती का प्रमुख अभियुक्त अशफाक उल्ला खां फरार। सुराग देने वाले को दस हजार का इनाम! आज की ताजी खबर! आज की ताजी खबर!

*

(परिवर्तन संगीत)

अम्मीजान : शफी बेटे, आज इत्ते दिन हो गए, अपने अच्छू मियां की कोई खबर नहीं!

शफी उल्ला खां : अम्मीजान, जो शख्स खुद फरार है, उसकी खोज-खबर भला कैसे मिलेगी... बावरा है... खुद ही अपने लिए ऐसा रास्ता चुना तो कोई

क्या करे! जहां भी हो, खुदा खैर रखे... (**कुछ देर तक सन्नाटा रहता है।**)

रहमत : हुजूर, कोई बुजुर्गवार घर ढूंढ़ रहे हैं। गलती से पड़ोस के घर में चले गए थे। आवाज दे रहे थे–'क्या मुहम्मद शफीउल्ला खां हैं?'

शफी : अरे, रहमत, बतला क्या रहे हो, उन्हें इधर ही ले आओ न! कोई अपने ही होंगे। (**कुछ देखते हुए**) ये मामूजान तो नहीं!

वृद्ध अकरम मियां : अरे बेटे, लीजिए हम ढूंढ़ते-ढूंढ़ते खुद ही हाजिर हो गए... (**पोले मुंह से हंसते हैं–हांफते हुए**) उम्र बहुत हो गई न! आंखों के साथ याददाश्त भी साथ नहीं दे पा रही है!

शफी : आइए, आइए मामूजान! तशरीफ रखिए। अरे, आपा आप भी। (**चहकते हुए**) आज कित्ते अर्से बाद! खालिद मियां के निकाह के बाद तो कभी आपका इधर आना हो ही नहीं पाया! आज हमारी खुशकिस्मती है कि...

वृद्ध अकरम मियां : हां, बेटे! (गहरी सांस लेते हुए) खुशकिस्मती भी है, बदकिस्मती भी...शफी मियां, हमारे कमरे में कुछ दीख नहीं रहा है! क्या सारा सामना कुड़की में चला गया?

शफी उल्ला खां : मामू जान...(**अटक से आते हैं**)

अकरम मियां : सुना था, जमीन भी चली गई! मकान भी! वे तो तुम्हारा वालिदा के नाम थे!

शफी उल्ला खां : क्या कहें मामू जान! दरिंदों ने अपनी ओर से कोई कसर नहीं रख छोड़ी। जिन बर्तनों में दाल, चावल, सब्जी थी, उन्हें छोड़कर सारा कुर्क करवा लिया। कपड़ों का संदूक तक उठाकर

थाने ले गए...इस कड़ाके की सर्दी में हम बिना कपड़ों के वक्त गुजार रहे हैं...मकान-जमीन भी वालिदा के नाम थे, सरकारी दस्तावेजों में, उसे तक नहीं छोड़ा...

परवरिश बानो : कपड़ों का छोटा वाला बक्सा बड़ी मुश्किल से मंझले भाई जान कल छुड़ा कर लाए...

अकरम खान : हम तो पहले से कहते थे मियां, हमारे अच्छू खां के इरादे नेक नहीं हैं। पढ़ना-लिखना छोड़कर इनकलाबियों से जा मिले। उस दिन अखबार में फोटू छपा, फरारी की खबर के साथ. ..कितनी तौहीन हुई हमारे खानदान की। क्या बतलाएं।

(तभी बाहर से रियासत उल्ला खां आते हैं एकाएक)

रियासत : मामू जान, आपकी बुलन्द आवाज दूर से ही सुनाई दे रही थी। हमारी समझ में नहीं आ रहा था कि किस पर खपा हैं? किसकी तौहीन के बात कर रहे हैं...

अकरम खान : **(गहरी सांस लेते हुए)** आप का ही जिक्र कर रहे थे, रियासत मियां! आप शह न देते तो अपने अच्छू मियां आज इस हद तक न बढ़ते। दिखा दिया न घर फूंक तमाशा! पूरा खानदान सड़क पर ले आए...

रियासत : **(गमगीन स्वर में)** ऐसा न कहिए मामू जान, खुदा के लिए न कहिए ऐसा! जिस जमीन पर पैदा हुए, जिसकी मिट्टी में पले, बढ़े उसका भी कोई कर्ज होता है...उसके लिए भी इनसान का कोई फर्ज..जो जिंदा कौमें होती हैं, उनमें

अहसान फरोशी नहीं होती। वे खुदगर्ज नहीं कहलातीं...हमारे अच्छू मियां ने खानदान की तौहीन नहीं की, बल्कि वह इज्जत बख्शी है, जिससे हमारे खानदान का नाम हमेशा-हमेशा रौशन रहेगा...(**कुछ रुककर**) मामू जान आज के इन हालातों का ताल्लुक है, हमने आज तक किसी के आगे हाथ नहीं फैलाया। अपना दर्द अपने सीने में छुपाए रखा। हमें कोई गम नहीं. ..हम कितने खुशनसीब हैं, किसे क्या बताएं!

*

(परिवर्तन संगीत)

(रात! अशफाक का घर! रियासत उल्ला खां! अम्मीजान सब बैठे हैं)

अम्मीजान : लल्लू बेटे, बिस्मिल के घर की तरफ गए थे?

रियासत उल्ला खां : गया था अम्मीजान! सब खैरियत है। बिट्टू आई थी ससुराल से। रोने लगी तो अम्मीजान ने खूब डांटा।

अम्मीजान : किसी चीज की कमी...उनकी देख-रेख करने वाला भी कोई लगता नहीं। इनकलाबियों से अपने सगे रिश्तेदार भी डर से कतराते हैं...

रियासत : मैंने कहा तो अम्मीजान हंसने लगीं! बोलीं, तुम्हारा घर क्या मेरा अपना नहीं रे! पर जब अच्छू मियां का जिक्र आया तो अम्मीजान की आंखें छलक आईं। कह रही थीं, अच्छू जरूरत से ज्यादा सीधा है। पता नहीं कहां भटक रहा होगा? दंगों में एक बार हाथ जलाकर लाया। पगला कहने लगा—अम्मा ठंडी पट्टी बांध दो। जलन हो रही है। मैं बांध ही रही थी कि रामा

के साथ पता नहीं फिर कहां निकल पड़ा। मैं चीखती रह गई।

अम्मीजान : मुकदमें का कुछ खास पता नहीं चल रहा। फिरंगियों का कोई भरोसा नहीं। गणेशशंकर विद्यार्थी जी के अखबार में सुना है, पाबंदी लगा दी है!

रियासत : उनके लगाने से क्या होता है? अम्मीजान, अगर 'परताप' साया नहीं भी होगा तो कोई बड़ा नुकसान नहीं होगा। विद्यार्थी जी चुप रहने वाले नहीं हैं। वो कोई और तूफान खड़ा करेंगे। अपने अच्छू मियां कहा करते थे कि ऐसे नेक इंसान दुनिया में कम होते हैं। बिस्मिल भाई का मुकदमा भी अपने ही दम पर वे लड़ रहे हैं।

अम्मीजान : सुना है, अपना बनारसी मुखवीर हो गया है..

रियासत : सबको ले डूबा नाशमरा! ऐसे गद्दार के लिए तो अम्मीजान, दोजख में भी जगह नहीं होती।

अम्मीजान : परवरिश बिटिया, आज कित्ते दिन हुए अपने अच्छू को गए? कहीं कुछ पता चला...?

*

(परिवर्तन संगीत)

पुल निर्माण का वातावरण।

पहला श्रमिक : जब से मैं पुल के काम में लगा हूं, आप को तभी से देख रहा हूं। दिन-रात काम पर लगे रहते हैं।

दूसरा श्रमिक : का करें भैया! काम न करि तो बाल-बच्चन की देख-रेख कइसे होई?

पहला श्रमिक : कित्ते बाल बच्चे हैं?

दूसरा श्रमिक : दुई।

पहला श्रमिक : का नाम?

दूसरा श्रमिक : राम अउर सियाम।

पहला श्रमिक : **(हंसते हुए)** वाह, बहुत सुंदर नाम होई–राम अउर सियाम!

एक करिन्दा : (दूर से आवाज लगाता है) अए भाई, लाल गमछे वारे सुनो, तुम्को मिनिजर बाबू बुलाया।

दूसरा श्रमिक : हम्को बुलाया–?

करिन्दा : और का!

दूसरा श्रमिक : कउन मिनिजर?

करिन्दा : राम बाबू झा सिमिण्ट वारे!

दूसरा श्रमिक : अभी आता हूं–बोल दो!

*

(पॉज)

श्रमिक : साहेब आप बुलाए–?

राम बाबू : हां, हां बैठो। **(इधर-उधर ताकते हुए)** अनीस, जंग बहादुर आप सब अब जाइए, कल बातें होंगी। **(कुछ रुककर)** हां, भई क्या नाम बतलाया आपका?

श्रमिक : रमा औध सिरीवास्तवा

राम बाबू : घर कहां है?

श्रमिक : हजूर, माई–बाप, पहले कभी कानपुर की तरफ गांव में रहत रहे। अहीरपुरा के पास। पर बाद में सुना था दादा जी बनारस आ गए थे–बाल-बच्चन के साथ...मजदूरी में...

राम बाबू : कब से हो पुल निर्माण में?

श्रमिक : सरकार, कोई चारेक महीना से।

राम बाबू : पगार कित्ती मिलती है?

श्रमिक : यही कोई खुशक बीस।

राम बाबू : घर भेजते हो कुछ–?

श्रमिक : का भेजें सरकार...

राम बाबू : भई, क्यों नहीं भेजते? मेहरारू है?

श्रमिक : है।

राम बाबू : बाल-बच्चे?

श्रमिक : मालिक दुई हैं–राम अउर सियाम!

राम बाबू : **(हंस पड़ते हैं)** जल्दी शादी कर दी तुम्हारी! **(कुछ सोचते हुए)** रात को डेरे पर आना। तुम से जमकर बातें करेंगे। तुम्हारी ईमानदारी की बड़ी तारीफ सुनी है, बेलदार से...

*

(परिवर्तन संगीत)

राम बाबू : देखो, भई अशफाक एक्टिंग तुम अच्छा कर लेते हों हमें तुम्हारे बारे में सब मालूम है। कैसे तुम गोरखपुर से नेपाल पहुंचे। फिर पिलानी। फिर लखनऊ। वहां से कानपुर। कानपुर में विद्यार्थी जी ने बनारस भेजा। वहां से शिव सिंह और कृपाल वर्मा ने आपको किस तरह से यहां भेजा! आप नहीं जानते मुझे! मैं बंगाल से आया हूं। राम बाबू झा मेरा नहीं, मेरे एक गुजर गए साथी का नाम है। मैं यहां उसके नाम से काम कर रहा हूं। **(कुछ सोचते हुए)** मैंने आपको यहां इसलिए बुलाया है कि समय रहते आप को आगाह कर दूं...

अशफाक : मैं समझा नहीं–

राम बाबू : अरे भाई, अब समझने-बूझने के लिए कुछ रहा नहीं। ये लो रेल का टिकट! सीधे स्टेशन जाकर गाड़ी में बैठ जाओ!

अशफाक : **(परेशान-सा)** आखिर यह सब हुआ कैसे?

राम बाबू : पुलिस को पता चल गया है। सुबह-तड़के छापा मारने वाली है। इसलिए अच्छा है अभी फरार हो जाओ। इससे ज्यादा अब कुछ मत पूछना...

*

(परिवर्तन संगीत)

सिख तरुण : ये भई तांगे वाले, चलना है?

तांगे वाला : सरदार जी, क्यों नहीं चलेंगे? जाना किधर है?

सिख युवक : जलाल नगर!

तांगे वाला : बैठिए हजूर! अभी पहुंचाए देत हैं। **(तांगे में बैठने और फिर सपाट सड़क पर टप्-टप् चलने की आवाज)**

तांगे वाला : सरदार साहब, 'इलाहाबाद एक्सप्रैस' से आए हैं क्या?

सिख युवक : जी हां–।

तांगे वाला : आगे जाना किधर है?

सिख युवक : अरे, भाई बोला तो है–जलाल नगर।
(झुंझलाते हुए)
(खट्-खट् तांगे की चुपचाप चलने की आवाज)

तांगे वाला : लीजिए सरदार जी, आ गया आपका जलाल नगर!

सिख युवक : इमाम अली खैराती की कोठी...
(तांगा एक घर के आगे रुकता है। दरवाजा खटखटाने की आवाज)

भीतर से : आया भाई। पता नहीं इस मुंह अंधेरे कौन बेचारा आया है? किस काम से?

सिख युवक : मियां, इमाम अली का दौलतखाना... यही है?

वृद्ध : जी हां...

सिख युवक : मैं भाई मुहम्मद फकीर उल्ला खां से मिलना चाहता हूं...

वृद्ध : या खुदा (**रो पड़ते हैं**) उनका इंतकाल हुए आज पंद्रह दिन हो गए। शिकार खेलने जंगल गए थे, वहीं गोली लग गई।

सिख युवक : वाहे गुरु (**भारी स्वर में**) जनाब मैं तो उनसे ही मुलाकात करने इत्ती दूर आया!

वृद्ध : तशरीफ तो रखिए न! एक मिनट सुस्ता लीजिए।

*

(परिवर्तन संगीत)

(अशफाक उल्ला का घर। दिन के दस बज रहे हैं।)

परवरिश बानो : (**भागते हुए**) अम्मीजान! अम्मीजान! हमारे घर एक अजनबी आया है। सरदार बन्तासिंह बतलाता है, अपना नाम।

अम्मीजान : (**भीतर से**) कौन बन्तासिंह! शफी से कहो कि बैठक में बिठला दें, मेहमान को।

परवरिश बानो : अशफाक भाई का दोस्त बता रहा है।

अम्मीजान : (**परेशान-सी**) अरे, इसमें सारा घर सिर पर उठा लेने की क्या बात है! मैं अभी आई।

(पॉज)

अशफाक : अम्मीजान!

अम्मीजान : (**एक क्षण ठिठक कर देखती हैं, फिर चौंककर**) अरे, अच्छू बेटा तू! कितना कमजोर हो गया! पहचाना भी नहीं जाता! (**रुककर भरे कण्ठ से**) अब आई अम्मीजान की याद!

अशफाक : (**हंसते हुए**) अम्मीजान जिस दिन आपका

ख्याल न आया हो, वह दिन ही नहीं था... सोचा, एक बार अपना शहर देख लूं, जी भरकर। आप सब से मिल लूं। इस जिंदगी का क्या भरोसा...चुप क्यों हैं रियासत भाई?

(अशफाक जोर से हंस पड़ते हैं)

रियासत : **(कुछ बोल नहीं पाते)**

अशफाक : इत्ते गमगीन क्यों बैठे हैं रियासत भाई? एक बार हमसे भी हंस कर बातें कर लीजिए। सच, आपकी शायरी बहुत याद आती थी... **(कुछ सोचते हुए)** परवरिश, क्या बनाया तूने मेरे लिए?

परवरिश : भाई साहब, अभी कुछ दिन तो ठहरेंगे न!

अशफाक : **(ठहाका लगाते हुए)** पगली कहीं की! अरी, आज ही लौटना है, ग्यारह बजे की ट्रेन से।

रियासत : अरे, दस तो बजने वाले है! पुलिस का खतरा... तो...

अशफाक : **(हंसते हुए)** भाईजान, हम तो खुद ही पुलिस के लिए खतरा हैं, भला पुलिस से हमें क्या खतरा? **(अम्मीजान की ओर मुड़कर)** जब अम्मीजान की दुआएं हमारे साथ हैं तो कौन कर सकता है, हमारा बाल बांका! देखिए, आप को गमगीन देखकर हमारा भी दिल बैठने लगा है। **(कुछ क्षण का सन्नाटा)** कभी कोई बुरी खबर आए तो... अम्मीजान, समझ लीजिएगा कि अपने लिहाज से हमने अपनी एक पूरी जिंदगी जी ली...

*

(दृश्य परिवर्तन संगीत)

(दरवाजे पर बाहर से लगातार खट्-खट्

की आवाज सन्नाटा चीरती गूंजने-सी लगती है।)

रियासत उल्ला : कौन है भाई! इस बेवक्त!

बाहर से स्वर : **(कड़कता हुआ)** दरवाजा खोलिए जल्दी...।

रियासत उल्ला : कौन आप?

इंस्पेक्टर : प्रभु दयाल सब-इंस्पेक्टर!

(दरवाजा खुलने का अहसास)

रियासत उल्ला : आइए, प्रभु दयाल जी! इस बेवक्त!

प्रभु दयाल : हम कुर्की लेकर आए हैं। **(शराब के नशे में झूमते हुए)**

रियासत : आखिर कितनी बार करेंगे कुर्की! वह भी आधी रात के वक्त, बिना अंदर पर्दा करवाए!

प्रभु दयाल : खड़े क्यों हो? टीकाराम **(सिपाहियों की ओर देखकर)** चलो अंदर!

रियासत : **(गुस्से में)** खबरदार जो एक भी कदम आगे बढ़ाया तो! देख रहे हैं पठान का यह खुला चाकू! एक-एक कर चीर दूंगा!

टीकाराम : **(विनम्र स्वर में)** माफ कीजिए, रियासत साहब! आप वजा फरमा रहे हैं। जनानखाने में जाकर आप पहले पर्दा करवा दीजिए। फिर हम जाएंगे! आपकी इज्जत हमारी इज्जत है।

रियासत : इज्जत की ही आप लोगों को कुछ परवाह होती तो यह मुल्क इतना बेइज्जत नहीं होता। अंग्रेजों के जूठे टुकड़ों पर पलने वालों के मुंह से ये अल्फाज अच्छे नहीं लगते!

(रियासत अंदर जाते हैं। जूतों के चलने की आवाज)

रियासत : ले जाइए! ले जाइए। आप लोगों ने छोड़ा ही

क्या है, अब और ले जाने के लिए...(**कुछ रुककर**) अम्मीजान, दरवाजे पर खड़ी-खड़ी आप यह क्या गिन रही हैं? आप भीतर आराम फरमाइए न! हम सब तो यहां हैं ही। हम लोगों की शहादतें जरूर एक दिन रंग लाएंगी, जब जालिम बर्तानी हुकूमत को इन्हीं हाथों से दफन करेंगे...

*

(दृश्य परिवर्तन संगीत)

तार वाला : (**दूर से आवाज लगाता हुआ**) रियासत उल्ला साहब, आप का तार है।

रियासत : मियां, हम तो कहीं जा रहे थे। तांगेवाला कब से इंतजार में खड़ा है।

तार वाला : हुजूर, जाते-जाते तार तो ले लीजिए। जरूरी लिखा है।

रियासत : कहां से आया है?

तार वाला : दिल्ली से।

रियासत : किसका है?

तार वाला : भेजने वाले के नाम के सामने नूर अहमद बैरिस्टर लिखा है।

रियासत : जरा पढ़कर सुनाइए तो... हमारी ऐनक आज गिर कर टूट गई...

तार वाला : अशफाक उल्ला खां गिरफ्तार कर लिए गए हैं। तुरंत आइए!

रियासत : (**गहरी सांस लेते हुए**) तांगेवाले, यह सारा सामान उतार दो भाई! अब हम नहीं जा पाएंगे...

अम्मीजान : (**दूर से घबराए स्वर में**) क्या हुआ लल्लू मियां? बेटे, किसका तार है?

रियासत : **(दर्द से)** अम्मीजान, अपने अच्छू मियां गिरफ्तार हो गए। हमें फौरन दिल्ली जाना है। इसी वक्त!

अम्मीजान : कहां गिरफ्तार हुए?

रियासत : ऐसा कुछ लिखा नहीं। वहीं जाकर सब पता चलेगा। **(कुछ रुककर)** तांगेवाले, तुम रुके रहो। हम अभी आ रहे हैं। हां, हमारे धुले कपड़े निकलवा दीजिए अम्मीजान! रात की रेल गाड़ी से निकल जाएंगे।

*

(दृश्य परिवर्तन)

अम्मीजान : **(धीमे स्वर में)** जे कुछ रुपे हमने बचा कर रखे थे। वकील, अदालत के सौ खर्चे होते हैं। रख लीजिए...

रियासत : अम्मीजान, खाली हाथ तो हम भी नहीं जा रहे। फिर...

अम्मीजान : बेटे, हमने देख लिए। इत्ते से वहां क्या बनेगा?

रियासत : **(सामान बांधते-बांधते)** हमें तो अम्मीजान, यह सब अपनों की मेहरबानी से हुआ लगता है... देखा था, उस दिन, जब अच्छू मियां दाढ़ी, पगड़ी में आए थे! गयास भाई कहते थे, हमारे दूर के फुफेरे भाई लियाकत हुसैन खुद पुलिस को बुलाकर लाए थे। सोचते थे, इससे फिरंगी खुश होंगे और इनाम में उन्हें तरक्की मिलेगी... उस दिन कितनी तौहीन हुई थी हमारी!

अम्मीजान : बेटे, इन बातों पर गौर नहीं किया करते। हमें तो लगता है, दुनिया में अच्छे लोग अभी भी बुरों के मुकाबले बड़ी तादात में हैं... खुदा उन्हें अक्ल दे, हमें यही दुआ करनी चाहिए...

*

(परिवर्तन संगीत)

(जेल का वातावरण)

रियासत : यह कैसे, क्या हुआ अच्छू मियां?

अशफाक : भाई जान, यह तो होना ही था। अपनों की ही मेहरबानी है...

रियासत : **(सन्नाटा तोड़ते हुए)** बैरिस्टर नूर अहमद एक पेशी की फीस मांग रहे हैं।

अशफाक : भाईजान, पेशी अभी लगी कहां! फिर मुकदमा तो लखनऊ में चलेगा।

रियासत : मैंने यही कहा, पर मान नहीं रहे। कहते हैं, मैंने तार दिया है...

अशफाक : तार दिया, उनकी मेहरबानी! सवा रुपया उन्हें लौटा दीजिए... यह कैसा जमाना आ गया है। इनसान में इनसानियत तो कहीं रही नहीं।

रियासत : **(गहरी सांस लेते हुए)** तो अब क्या करना है?

अशफाक : कुछ करने के लिए अंग्रेजों ने छोड़ा ही क्या है? जो वो कहेंगे, वही होगा...

रियासत : वकील तो अपना चाहिए ही–

अशफाक : भाईजान, अभी शिनाख्त होगी। ये तस्मीन करेंगे कि हम ही हैं वे खतरनाक जज्बाती। चश्मदीद गवाहों की एक बड़ी शिनाख्त परेड लगेगी। वे सब कहेंगे कि हमें जुर्म करते हुए उन्होंने अपनी आंखों से देखा है और फिर आखिर में फांसी का फन्दा...!

रियासत : **(कुछ सोचते हुए)** फिर भी कुछ तो करना ही होगा अच्छू मियां! बाकी खुदा के हाथ में है... हां, कुछ दिनों के लिए रुक जाऊं यहां?

अशफाक : अभी तो बहुत वक्त लगेगा। आप घर लौटिए। हम यहां मौज-मस्ती करेंगे। (**अशफाक हंसते हैं**)

रियासत : क्या मौज-मस्ती? (**दर्द से कहते हैं**) शैतानों ने कपड़े तो दिए नहीं ओढ़ने के लिए। इस धोती-कुर्ते में! इस ठण्ड में!

अशफाक : आप भी कैसी बातें करते हैं भाईजान! जज्बातियों को कपड़ा नहीं, कफन दिया जाता है... (**हंस पड़ते हैं**)

*

(परिवर्तन संगीत)

(रात! लखनऊ! ऐनउद्दीन स्पेशल मजिस्ट्रेट का बंगला)

ऐनउद्दीन : हमने रियासत उल्ला खां, आपको इसलिए बुलाया है कि आप इस परेशानी से निजात पा सकें। आपकी मुसीबतों का जिक्र जनाब तसदुक हुसैन, डिप्टी सुपरिण्टेंडेंट पुलिस ने भी कई बार किया। (**कुछ सोचते हुए**) हम हॉर्टन साहब से आपके लिए सिफारिश करेंगे कि अशफाक उल्ला को कम-से-कम सजा मिले। चूंकि इकबालिया गवाह तो बनारसी हो चुके हैं, इसलिए अशफाक को बचाना अब मुमकिन नहीं रहा... फिर भी अगर वे अपनी गलती मान जाएं तो सजा कम करवाई जा सकती है...आप हमारे अपने हैं, इसलिए यहां तक जाने के लिए हम तैयार हैं...

रियासत : इस मेहरबानी के लिए आपका मजिस्ट्रेट साहब लाख-लाख शुक्रिया। हॉर्टन साहब बहादुर के

बंगले में जाकर हम क्या करेंगे? आप को कैसे बतलाएं कि अशफाक किस मिट्टी के बने हैं! फिरंगियों की शक्ल तक नहीं देखना चाहेंगे, माफी मांगने का सवाल तो बहुत दूर का है! ...उन्हें किसी की मेहरबानी की दरकार ही कहां रह गई है? हुजूर, हम आपको कैसे बतलाएं...

*

(परिवर्तन संगीत)

(शाहजहांपुर। अशफाक का घर)

मुहम्मद शफी उल्ला खां: **(गमगीन आवाज में)** सुना लल्लू मियां, अपने अशफाक को लखनऊ जेल में ले आए हैं। कहते हैं, यहीं मुकदमा चलेगा। पढ़िए, इस अखबार में खुलासे से लिखा है। पढ़िए!

रियासत उल्ला खां : शफी मियां, अकरम ने कल बतलाया नहीं था कि वे आ गए हैं। इसी ट्रेन से तो अकरम भी आए थे। गणेश शंकर विद्यार्थी जी का बयान भी साया हुआ है। इनकलाबियों पर झूठे मुकदमे चलाने के लिए उन्होंने हुकूमत को बहुत लताड़ा है। लिखा है, इस जुल्म करने वाली, हैवानियत की हद तक जाने वाली सरकार से इनसाफ की उम्मीद करना फजूल है, पर हां, हम भी अपने इनकलाबियों को इनसाफ दिलाने के लिए अपनी तरफ से आखिर तक कोशिश करेंगे...

शफी उल्ला खां : कल मैं भी लखनऊ हो आता हूं। अच्छू मियां को भरोसा रहेगा। अपनों का हौसला बढ़ाना है। इनसान अपने को अकेला महसूस नहीं करता। अम्मीजान, आप भी चलेंगी।

अम्मीजान : **(गमगीन आवाज में)** बेटे, कल आप लोग हो आइए। मैं अगले जुम्मे तक जाऊंगी। घुटने पर लगी चोट के कारण सीढ़ियां चढ़ना-उतरना तक मुश्किल हो गया है। **(तभी जैसे कुछ याद आता है)** लल्लू मियां, तुम्हारे अब्बाजान के जमाने के कुछ जेवर मैंने बचाकर रखे थे। कोर्ट-कचहरी में खर्चा तो बहुत आएगा। कल ले जाना। ...अच्छू बेटे की दुल्हन के लिए रखे थे...। **(अम्मीजान के सिसकने का स्वर)**

*

(परिवर्तन संगीत)

(लखनऊ जेल। रात। जेल का गलियारा)

अशफाक : कल सन्तरी ने जब यह बतलाया कि पंडितजी आप भी इसी जेल में हैं तो ताज्जुब हुआ।

बिस्मिल : हां, वही मेरे पास भी चुपके से आया था। कह रहा था, यदि आप रात के अंधियारे में गलियारे पर खड़े होकर अशफाक मियां से थोड़ी देर बातें करना चाहें तो वह इंतजाम कर देगा। पर हां, हवा तक को भी खबर न लगने पाए। नहीं तो नौकरी से उसे हाथ धोना पड़ेगा। उसी की मेहरबानी से...दो मिनट... **(कुछ रुककर)** हां, अशफाक, तुम पकड़े कैसे गए?

अशफाक : बिस्मिल भाई, दिल्ली गया था। अपने एक पुराने दोस्त की मेहरबानी से...पर हां, दिल्ली जेल से रात को दीवार फांदकर निकल भागने का पुख्ता इंतजाम कर लिया था, पर उसी शाम बदकिस्मती से पुलिस लखनऊ ले आई...

बिस्मिल : फांसी की सजा मिली होगी?

अशफाक : इससे कम मिलती तो बिस्मिल भाई, क्या अपनी तौहीन नहीं होती? **(हंसते हुए)**

बिस्मिल : अपील नहीं की?

अशफाक : विद्यार्थीजी ने हजेला साहब वकील को कई मर्तबा मनाने के लिए भेजा कि प्रिवी काउन्सिल में अपील दायर कर देते हैं, पर मैंने ही मना कर दिया।

बिस्मिल : **(गंभीर स्वर में)** अशफाक, मैंने तुम से मिलने की यह व्यवस्था इसलिए करवाई थी, यह कहने के लिए कि तुम अपील दायर कर दो। और सारे मामलों की जिम्मेदारी खुद ले लो।

अशफाक : 'भाई जान, जब मैंने खुद ही मरने का तय कर लिया है तो फिर अपील कर के क्या करूंगा? फिरंगी सरकार भी मुझे किसी भी हालत में क्यों छोड़ने लगी? इतने झूठे इल्जाम क्या यों ही छोड़ देने के लिए लगाए थे? **(कुछ सोचते हुए)** फैसला सुनकर मैं हंसने लगा था। मैंने अदालत में, मजिस्ट्रेट से भी कह दिया था कि दो बार फांसी की और दो बार कालापानी की सजा देकर आपने मुझे जो इज्जत बख्शी उसके लिए आपका लाख-लाख शुक्रिया। मुझे तो मन मांगी मुराद मिल गई...

बिस्मिल : वक्त कम है अशफाक! कल-परसों तक अपील अवश्य दायर कर देना।

सन्तरी : **(हाथ जोड़ता हुआ)** वार्डन पागल है पंडित जी! उसका राउण्ड पर आने का वक्त हो गया...

बिस्मिल : अच्छा अशफाक भाई, अब अगले जनम में ही होगी मुलाकात। परसों तुम्हें फैजाबाद जेल ले जा रहे हैं शायद! मुझे गोरखपुर! कितना अच्छा

होता, हमें साथ-साथ फांसी पर लटकाया जाता। पर हां, हम रहें या न रहें, आजादी का हमारा सपना एक दिन अवश्य सच होगा...

*

(दृश्य परिवर्तन संगीत)

रियासत उल्ला खां : अच्छू मियां, आप से मिलने कुछ रिश्तेदार लखनऊ गए थे, पर पता चला कि उसी दिन आपको यहां फैजाबाद जेल में लाया गया। हां, विद्यार्थीजी ने कहला भेजा है कि अपील करके आपने अच्छा किया है। यह जालिम सरकार बेनकाब तो हुई!

अशफाक : हमें मालूम था भाईजान कि प्रिवी-काउंसिल में कुछ होगा नहीं। अपील करने के लिए पैसे जुटाने में आपको दिक्कतें आई होंगी...

रियासत : अशफाक मियां, आपकी जिंदगी से बढ़कर हमारे लिए और क्या हो सकता है? आपकी सलामती के लिए हम कोई भी कुर्बानी दे सकते हैं...

अशफाक : **(बातों की दिशा बदलते हुए)** अम्मीजान कैसी हैं? कुछ कह रही थीं

रियासत : अब रह ही क्या गया है, कहने के लिए! वालिद साहब के इंतकाल के बाद, अम्मीजान भी जैसे बदल गई हैं। जब से आपने यह रास्ता अख्तियार किया, वे और भी गमगीन रहने लगी हैं। **(कुछ रुककर)** लगता है यह आखिरी मुलाकात है, हम लोगों की...

अशफाक : आप लोगों को हमेशा दुख ही देता रहा भाईजान! हमारी कुर्बानी से मुल्क को रोशनी मिले तो हम बुझने के लिए तैयार हैं। किसी को तो शहीद

होना ही था, सो हम ही हो गए! क्या फर्क पड़ता है... **(भारी स्वर में)** भाईजान, आप से हमारी एक ही गुजारिश है, हमारे चले जाने का गम न कीजिएगा...

रियासत : खुदा हाफिज **(कुछ रुककर)** अम्मीजान आने के लिए बहुत जिद कर रही थीं, हमने ही मना किया... हम नहीं चाहते जाते समय आपके दिल में कोई गम रहे...

अशफाक : भाईजान, यह आखिरी खत...अम्मीजान को दे देना...समझा देना कि गम न करें...आप गम करेंगी तो हमारी रूह को चैन कैसे मिलेगा...? अच्छा, खुदा हाफिज!

*

(दृश्य परिवर्तन संगीत)

अम्मीजान : फैजाबाद से कब लौटे लल्लू बेटे–? अच्छू मियां कुछ कह रहे थे–

रियासत : आपके लिए यह खत दिया है।

अम्मीजान : **(खत लेकर पढ़ने लगती हैं)**

पन्द्रह दिसम्बर 1921

फांसी की कोठरी **(फैजाबाद)**

दुखियारी अम्मीजान की खिदमत में, मरते हुए बेटे का सलाम पहुंचे, जो इसी हफ्ते इस फानी दुनिया से अलविदा कहकर, उस मुल्क जावेदां को जा बसाएगा, जहां उससे पहले भी सब जा चुके हैं...

अम्मी, जान आप तो बखूबी वाकिफ हैं और तालीम याफ्ता हैं। मैं समझ सकता हूं, किसी मां के लिए इससे बड़ा सदमा और क्या हो

सकता है कि उसका जवान बेटा, नामुराद दुनिया से उठ जाए और वह उसकी लाश पर दो आंसू भी न बहा पाए या उसकी सूरत भी न देख सके...अम्मीजान, मैं पुरसुकून मौत मर रहा हूं। पर मुझे डर है कि कहीं आप घबरा न उठें, और यह न कह बैठें कि जिसकी जवान औलाद उसकी आंखों के सामने चली जाए तो वह भला कैसे सब्र करे?

तो सुनिए, मेरी प्यारी अम्मीजान! खुदा का बन्दा, खुदा की अमानत होता है, वह अपनी अमानत वापस ले तो गम कैसा?

कैसी अजीब बात है अम्मीजान कि मैं अपनी मौत की खबर अपनी कलम से लिखकर भेज रहा हूं। मैं चाहता हूं, यह खत मेरी मौत से पहले आप को मिल जाए!...अम्मीजान! दुनिया से एक दिन तो सबको जाना ही है...मेरी गलतियों को माफ कर देना... मेरी मौत पर रोना नहीं अम्मीजान!

अशफाक

*

(दृश्य परिवर्तन संगीत)

(फैजाबाद। जेल की कोठरी)

एक मुलाकाती : मियां, आज बड़े बन-ठन कर...

अशफाक : अरे भाई, हमारे पुराने कपड़े जेलर ने आज हमें वापस कर दिए। उन्हें धो-धाकर पहना है। जूते भी पहने हैं। करीने से बालों को काटा है। **(कुछ रुककर)** यार, आज हमारी शादी जो है! **(ठहाका)**

दूसरा मुलाकाती : कुछ कहना तो नहीं किसी से?

अशफाक : कहना क्यों नहीं है? एक तार अभी गणेश शंकर विद्यार्थीजी को भिजवा दो कि कल दो बजे दोपहर लखनऊ स्टेशन पर हमें मिलें!

(विदा होते समय एक दोस्त रोने लगता है)

अशफाक : अमां यार, हम दुनिया से जा रहे हैं, फिर भी हंस रहे हैं और एक आप हैं यों ही आंसू बहाए जा रहे हैं। यार, एक बार हंस कर तो देखो, हमारी तरफ!

*

(परिवर्तन संगीत)

(सुबह पक्षियों का कलरव)

(जेल का घण्टा एक, दो, तीन, चार, पांच, छह)

अशफाक : अमां छह बज गए हैं। फांसी का वक्त करीब आ गया है। धीरे-धीरे चलना शुरू करें फांसी के तख्ते की तरफ। कुरऑन कहां है?

(अब साढ़े छह का मात्र एक घण्टा बजता है।)

अशफाक : **(इको में)**

वक्त आ गया है दोस्तो! फांसी के तख्ते पर खड़े होकर, फांसी की रस्सी को चूमते हुए आखिरी दो लफ्ज जरूर कहना चाहूंगा–"मैंने ये हाथ इनसानी खून से कभी नहीं रंगे। मेरे ऊपर जो भी इलजाम लगाए गए हैं, वे सब झूठे हैं। सिर्फ खुदा के यहां ही होगा मेरा इनसाफ! खुदा हाफिज!"

*

(दृश्य परिवर्तन संगीत)

एक स्वर : विद्यार्थीजी कहां भागे जा रहे हैं? इत्ते लोग भीड़ की शक्ल में? ढेर सारी फूल मालाएं।

विद्यार्थीजी : अभी दो बजे शहीद अशफाक का शव फैजाबाद से आ रहा है। चलिए, चलिए। आप सब भी चलिए!

(अशफाक की आवाज में)

''विद्यार्थीजी को कहना कि कल दोपहर लखनऊ स्टेशन पर मिलें?''

(भीड़! शोर! भागम-भाग)

(प्लेटफार्म पर रेल के रुकने की आवाज के साथ)

भीड़ : –अमर शहीद अशफाक उल्ला की जै!

–अमर शहीद अशफाक उल्ला की जै!

–भारत माता की जै!

–अशफाक उल्ला अमर हैं!

–अशफाक उल्ला अमर हैं!

(धीरे-धीरे शोर के साथ संगीत की मधुर करुण आवाज)

कुछ आरजू नहीं है, है आरजू तो यह है,
रख दे कोई जरा-सी खाके वतन कफन में!!
ऐ पुरख्ताकारे-उल्फत हुशियार डिग न जाना
मैराजे आशंका है इस दार और रसन में।

❑

राष्ट्र नायक

पंडित गोविन्द बल्लभ पन्त

प्रारंभिक उद्घोषणा : आज सितम्बर की दस तारीख है। सन् 1987। आज से ठीक सौ साल पहले, आज ही के दिन हिमालय के वरद पुत्र पंडित गोविन्द बल्लभ पन्त का जन्म हुआ था। पंडित पन्त स्वतंत्रता संग्राम और गांधीयुग के उन अग्रणी राष्ट्र नायकों में थे, जिन्होंने राष्ट्र-निर्माण में ऐतिहासिक भूमिका निभाई है। वे एक ओर धीर-गंभीर सहिष्णु थे, तो दूसरी ओर दृढ़ प्रतिज्ञ एवं दूरदर्शी। उनके जीवन के विविध आयामों पर आधारित रूपक प्रस्तुत है—राष्ट्र नायक भारत रत्न पंडित गोविन्द बल्लभ पन्त!

(फेड इन टैप...)

स्वर : अस्त्युतरस्यां दिशि देवतात्मा हिमालयो नाम नगाधिराजः। पूर्वापरौ तोयनिधी वगाह्यस्थितः पृथिव्या इव मानदण्डः।।

अनुगुंजित पुरुष स्वर : हिमालय ऋषि-मुनियों, योगियों, तपस्वियों की आदि भूमि।

अनुगुंजित नारी स्वर : हिमालय तत्वदर्शियों, कवियों, कलाकारों की आदि प्रेरणास्थली।

अनुगुंजित पुरुष स्वर : हिमालय भारत की संस्कृति, भारत की समृद्धि, भारत की गौरवगाथा का स्वर्णाक्षरों में लिखा गौरवशाली आदि अध्याय।

अनुगुंजित नारी स्वर : भारत की महानता, भारत की उज्ज्वलता का पावन प्रतीक। अमृत की सहस्र धाराओं का आदि स्रोत।

वाचक : इसी गगनचुम्बी हिमालय की गोद में, हिमालय सदृश्य सुदृढ़, हिमालय सदृश्य महान, हिमालय सदृश्य धीर-गंभीर नर-रत्न का जन्म हुआ था।

वाचिका : अल्मोड़ा शहर के ठीक सामने, कटारमल के सूर्य-मंदिर के पास, कोसी नदी के उस पार, छोटा-सा गांव खूंट। वहीं आज से ठीक सौ साल पहले 10 सितम्बर 1887 को अनन्त चतुदर्शी के दिन बालक गोविन्द का जन्म हुआ था।

वाचक : कहते हैं—गोविन्द के पूर्वज पं. जयदेव पन्त कई शताब्दियां पहले, मुगलों के आगमन से पूर्व महाराष्ट्र के कोंकण प्रदेश से यहां आकर बसे थे। निकले थे हिमालय की तीर्थ-यात्रा पर, किंतु हिमालय इतना भाया कि हमेशा-हमेशा के लिए हिमालय-वासी बनकर रह गए।

वाचिका : गंगावलि राजाओं के राजदरबार में वे राज ज्योतिषी रहे। जागीर में कई गांव मिले। इन्हीं की सत्रहवीं पीढ़ी में, आज के ही दिन...

(घोड़ों के टापों की आवाज। चीखने-चिल्लाने का करुण स्वर)

वाचक : यद्यपि भारत के प्रथम स्वाधीनता-संग्राम के तीस वर्ष बीत चुके थे, परंतु अंग्रेजों का दमन-चक्र अपने ढंग से निरंतर चल रहा था। अपने निहित स्वार्थों के लिए उन्होंने कुमाऊं को एक ऐसा द्वीप बना दिया था, जहां ब्रिटिश-शासन के कई कायदे-कानून लागू नहीं होते थे। इसलिए फिरंगियों को जुल्म करने की पूरी-पूरी छूट थी। 'कुली बेगार प्रथा'। सर्वत्र त्राहि-त्राहि!

*

(घोड़ों की हिनहिनाहट-ध्वनि प्रभाव)

वाचिका : भोला–भाला बालक गोविन्द चुपचाप यह सब देख रहा था, सुन रहा था, समझ रहा था। देश–प्रेम की चिंगारियां, उसके किशोर मन में कहीं निरंतर प्रस्फुरित हो रही थीं।

वाचक : स्वामी विवेकानन्द उन दिनों अल्मोड़ा आए थे। उन्हें सुना। स्वामी सत्यदेव परिव्राजक अल्मोड़ा आए थे, उन्हें सुना। इलाहाबाद के म्यूर कॉलेज पहुंचते–पहुंचते महामना पं. मदन मोहन मालवीय के निकट आने का सौभाग्य मिला। गोपाल कृष्ण गोखले और लाला लाजपत राय से प्रेरणा ली और सन् 1907 के कुम्भ मेले में प्रथम भाषण दिया–

किशोर पन्त : **(प्रतिनिधि स्वर)** देश में फैली इस घोर गरीबी का एक ही कारण है–पराधीनता। पराधीनता जब तक रहेगी, तब तक हमारे जीवन का कोई अर्थ नहीं। इसलिए कहता हूं आइए, हम गुलामी की ये बेड़ियां तोड़ें और एक नए भारत का निर्माण करें।

वाचिका : बेड़ियां तो देर से टूटीं, परंतु निर्माण के अनेक महत्वपूर्ण कार्य उन्होंने चुपचाप तभी आरंभ कर दिए थे। सन् 1912 में काशीपुर में वकालत शुरू की, परंतु इससे अधिक समय रचनात्मक कार्यों में लगाने लगे। प्रथम व्यक्ति थे श्री पन्त, जिन्होंने तब काशीपुर में निःशुल्क अनिवार्य शिक्षा की योजना आरंभ की थी। जन–जागृति के लिए सन् 1914 में 'प्रेम–सभा' की स्थापना की, जो तब से आज तक निरंतर चल रही है। उस क्षेत्र

का पहला हाई स्कूल पन्त जी के प्रयासों से ही आरंभ हुआ था।

वाचक : अल्मोड़ा में क्रान्तिदर्शी साप्ताहिक-पत्र 'शक्ति' का प्रकाशन उनके सद्‌भाव एवं सहयोग से आरंभ हुआ था, जिसने दुर्गम पर्वतीय क्षेत्रों में आजादी का बिगुल बजाया था। 'कुली बेगार प्रथा' की समाप्ति, अछूतोद्धार के विकट कार्य पन्तजी के सद्-प्रयासों के परिणामस्वरूप ही संपन्न हो पाए।

पन्तजी धीर गम्भीर, उदार-चेता मानव थे। अपनी सहज आत्मीयता के कारण वे विरोधियों का सहयोग प्राप्त कर लेते थे।

वाचिका : अपनी विलक्षण योग्यता के कारण कुछ ही समय में वे सुप्रतिष्ठित वकील ही नहीं, जन-जन के नेता के रूप में भी जाने-जाने लगे थे। काशीपुर, नैनीताल, अल्मोड़ा या तत्कालीन संयुक्त प्रांत के ही नहीं, धीरे-धीरे देश के कर्णधारों में उनकी गणना होने लगी। पंडित मोतीलाल नेहरू की 'स्वराज्य पार्टी' के वे आधार-स्तम्भ माने जाने लगे।

'स्वराज्य पार्टी' के सदस्य के रूप में प्रान्तीय कौंसिल में उन्होंने अनेक बार प्रतिनिधित्व किया था। तत्कालीन राजनीति को एक नया अर्थ देते हुए उन्होंने कई आंदोलनों का सक्रिय संचालन भी किया था।

नारे : 'सायमन कमीशन वापस जाओ' के नारों का शोर और चीत्कार!

वाचक : सन् 1928 में 'सायमन कमीशन' का सारे देश में बहिष्कार किया गया। लखनऊ के प्रदर्शन

में पन्तजी गंभीर रूप से घायल हो गए। पुलिस के डंडों के प्रहार से पं. जवाहरलाल नेहरू को बचाने के लिए वे स्वयं आगे आ गए थे। इस संबंध में अपनी आत्मकथा में नेहरूजी ने लिखा है–

नेहरूजी : **(प्रतिनिधि स्वर)** मेरा शरीर घावों और चोटों से भरा था। किंतु सौभाग्य से किसी नाजुक स्थान पर चोट नहीं लगी थी। हमारे कई साथी इतने सौभाग्यशाली नहीं रहे थे। ये बुरी तरह घायल हो गए थे। मेरे पास खड़े, लगभग छह फुट लंबे गोविन्द बल्लभ पन्त, पुलिस के लिए आसान लक्ष्य सिद्ध हुए और उस समय की चोटों ने, तन में ऐसे कष्टकर, स्थायी रोगों को जन्म दिया, जिनके कारण वे बहुत दिनों तक न अपनी कमर सीधी कर सके, न सार्वजनिक जीवन में ही सक्रिय बन सके।

वाचिका : इस अमानवीय लाठी–प्रहार का प्रभाव पन्तजी के शरीर पर सदैव बना रहा। फिर भी ये अहिंसा के प्रबल पक्षधर बने रहे। इस प्रश्न पर प्रांतीय विधान सभा में काम रोको प्रस्ताव पर बोलते हुए शांत, संयम शब्दों में पन्तजी ने कहा था–

पन्तजी : **(प्रतिनिधि स्वर)** ईश्वर से प्रार्थना है कि हमें पाशविकता का अहिंसात्मक विरोध करने की शक्ति दे, जिससे हम ऐसी घटनाओं के बीच खरे साबित हों। बल्कि हम उनसे भी कठिन परीक्षाओं में सफल सिद्ध हों। पाश्विक शक्ति पर आधारित इस हृदयहीन शासन को समाप्त करने का यही एकमात्र मार्ग है।

*

(संगीत)

(पक्षियों के उड़ने का स्वर)

वाचक : ज्यों-ज्यों समय बीतता गया, संघर्ष भी बढ़ते चले गए। लगभग 17 वर्ष की अल्पायु में हृदय रोग का पहला आक्रमण हुआ था। उसी के दो वर्ष बाद अल्मोड़ा में घोड़े से गिरने के कारण कमर में गहरी चोट लगी, जिसकी पीड़ा जीवनभर बनी रही। 'सायमन कमीशन' के पश्चात् शारीरिक कष्ट और भी अधिक बढ़ गए थे। उस पर आए दिन कारावासों के कठोर दण्ड! इन परिस्थितियों में भी पन्तजी 16-16 घंटे लगातार काम करते थे। समय के साथ-साथ उनके कार्यक्षेत्र का दायरा भी व्यापक होता चला गया।

वाचिका : 17 जुलाई, 1937 को पन्तजी उत्तर प्रदेश यानी तत्कालीन संयुक्त प्रान्त के मुख्यमंत्री चुने गए। इस अल्पकाल में उन्होंने कई उल्लेखनीय कार्य किए। अपनी विलक्षण प्रशासनिक क्षमता से उन्होंने सबको चकित कर दिया। श्रीमती विजय लक्ष्मी पंडित, देश की पहली महिला थीं, जिन्हें उन्होंने अपने मंत्रिमंडल में शामिल किया था। उन दिनों की भावभीनी स्मृतियां दुहराती हुई श्रीमती पंडित कहती हैं–

श्रीमती पंडित : **(यथार्थ स्वर)** फिर मैं आ गई, मंत्रिमंडल में और पन्तजी का संग-संपर्क दो वर्ष का और रहा। बड़ा प्रेम था उनका। वे मेरे बड़े भाई की तरह थे। मेरे सियासी गुरु भी थे। शुरू-शुरू में जब मैं मंत्री हुई तो उन्होंने मकान देने से इनकार कर दिया। वे समझते थे कि मेरी उम्र

बहुत छोटी है, अलग रहने के लिए। और मेरे पति इलाहाबाद में थे। तो मैं कई महीने उनके घर में रही, 'चीफ मिनिस्टर्स हाउस' में, लखनऊ में। वे जानते थे, मुझे फूल बहुत पसंद हैं, तो माली को हुक्म था कि रोज सवेरे मुझे फूल लाके दे। वह देता था। और रोज उनकी पत्नी पूछती थीं–तू क्या खाएगी? ये छोटी-छोटी बातें याद रह जाती हैं।

वाचक : स्वाधीनता के पश्चात् देश के विकास में पन्त जी की भूमिका और भी उल्लेखनीय रही। उत्तर प्रदेश के मुख्यमंत्री पद पर 'जमींदारी उन्मूलन' का ऐतिहासिक कार्य किया। अस्पृश्यता निवारण एवं सांप्रदायिक सद्भाव की दिशा में उनके किए कार्य सदैव याद किए जाते रहेंगे। उन्हीं कार्यों का उल्लेख करते हुए पन्त जी के सहयोगी वरिष्ठ वयोवृद्ध नेता पं. कमलापति त्रिपाठी कहते हैं–

त्रिपाठीजी : (**यथार्थ स्वर**) मेरा सौभाग्य रहा है, पन्तजी को निकट से देखने का। पन्तजी की बुद्धि विशाल थी। उनका लोहा सभी मानते थे। जब भी कांग्रेस में कोई संकट आता था, उसे सुलझाने के लिए गांधीजी हों या जवाहरलालजी हों, वे पन्तजी को ही आगे करते थे। मैंने वह देखा था, त्रिपुरी कांग्रेस में, जब सुभाष बाबू से गांधीजी दुखी थे और जब पट्टामि सीतारमैया हारे तो गांधीजी ने कह दिया था कि 'पट्टामि की हार मेरी हार है', उस समय पन्तजी ही थे, जिन्होंने खुली सभा में खड़े होकर आवाज उठाई थी कि गांधीजी के बिना यह देश नहीं चल

सकता। उनके दुखी रहने से देश आगे नहीं बढ़ेगा। अतः सुभाष बाबू इस्तीफा दे दें और गांधीजी, जिसे बनाना चाहें, उसे अध्यक्ष बना दें। और अंत में यही बात हुई थी। सुभाष बाबू ने इस्तीफा दे दिया और गांधीजी कांग्रेस के नेता बने रहे।

वाचिका : युग-पुरुष गांधी में अटूट आस्था थी पन्तजी की। अटल विश्वास। 'गांधी जयन्ती' के अवसर पर एक बार उन्होंने कहा–

पन्तजी : **(यथार्थ स्वर)** आज हमारे राष्ट्रपिता महात्माजी का जन्मदिन है। जिस महान नेता के नेतृत्व में देश को पूरी-पूरी आजादी प्राप्त हुई, उनकी पावन स्मृति को हमेशा बनाए रखने से हमें गर्व मिलता है। हमारी शक्ति बढ़ती है। जो मार्ग उन्होंने हमें सिखाया है, उस पर चलकर ही हम देश को उन्नत और महान बना सकेंगे। जो गत तीस सालों के इतिहास को एक साथ देख सकते हैं, वे कह सकते हैं कि महात्माजी ने देश के लिए क्या-क्या किया है। हम कहां थे और कहां पहुंच गए। उनके आशीर्वाद और उनके यत्न से यहां तक हम पहुंचे हैं। महात्माजी हमारे देश की ही नहीं संसार की विलक्षण विभूति हैं।

वाचक : मानवीय संवदेनाएं कूट-कूटकर भरी थीं उनमें। अपने सहयोगियों, साथियों को वे कभी भी, किसी भी स्थिति में नहीं भूलते थे। पन्तजी के मुख्यमंत्री काल की एक घटना का वर्णन करते कांग्रेस के सुप्रसिद्ध नेता, तत्कालीन गृहमंत्री श्री उमाशंकर दीक्षित ने कहा–

दीक्षितजी : **(यथार्थ स्वर)** पन्तजी में एक विशेषता यह भी थी कि जो कांग्रेस के अनुयायी थे, कांग्रेस के सदस्य थे, उन सबका ख्याल रखते थे। एक समय की बात आज भी मुझे याद है, उन्होंने पांच हजार रुपए का चैक श्री रफी अहमद किदवईजी की पत्नी को भिजवाया और यह कहा–तुम्हारे यहां मैं देखता हूं, हर रोज न जाने कितने लोग भोजन के लिए आते हैं, बहुत से आदमी टिके रहते हैं। कहां से वे खर्चा करते होंगे, इसलिए मैं तुम्हारे पास कुछ राशि भेज रहा हूं, इसको इनकार मत करना।

उनकी योग्यता के बारे में कहना मेरे लिए सूर्य को दीपक दिखाने के बराबर है। क्योंकि स्वयं मैंने भी पार्लियामेंट्री काम किया है। होम मिनिस्टर भी रहा हूं। और उनकी होम मिनिस्ट्री भी मैंने निकट से देखी है।? जो चमत्कार, जो भाषण की अद्‌भुत कला, जो व्यक्तित्व का प्रभाव मैंने उनका देखा, वह अन्यत्र दुर्लभ है। सरदार पटेल में भी मैंने यही सब पाया। परंतु बाद के किसी गृहमंत्री में इन्हें नहीं देखा।

वाचिका : 10 जनवरी, 1955 को केंद्र में गृहमंत्री के पद पर उनकी नियुक्ति हुई थी। उस वक्त अनेक जटिल समस्याओं से राष्ट्र जूझ रहा था। राज्यों के पुनर्गठन का दुष्कर कार्य, इतने व्यवस्थित ढंग से पूरा करना, पन्तजी के ही वश की बात थी। राष्ट्र के प्रति उनकी समर्पित बहुमूल्य सेवाओं के लिए 26 जनवरी 1957 को उन्हें देश के सर्वोच्च सम्मान 'भारतरत्न' से विभूषित किया गया।

उनकी विलक्षण प्रशासकीय क्षमताओं का एक उदाहरण भूतपूर्व मंत्रिमंडल सचिव एवं राज्यपाल श्री बी.डी. पाण्डे इस प्रकार प्रस्तुत करते हैं–

श्री पाण्डे : **(यथार्थ स्वर)** एक तो कभी भी जल्दी में कोई निर्णय नहीं लेते थे। बहुत सोच-समझकर, सूझ-बूझ वाले सब किस्म के लोगों की राय सुनने के बाद ही अपना निर्णय लेते थे। उनका यह निर्णय बड़ा ठोस और महत्वपूर्ण होता था। फिर उसमें अदल-बदल करने में बड़ी कठिनाई होती थी। मुझे याद है, एक कांफ्रेंस में बड़े-बड़े लोग थे। पंडित नेहरू अध्यक्षता कर रहे थे। मद्रास से स्व. श्री राजगोपालाचारी थे। बंगाल से डॉ. विधान चन्द्र राय थे। बिहार से श्रीकृष्ण सिन्हा थे। मध्य प्रदेश से पंडित रविशंकर शुक्ल थे। महाराष्ट्र से बी.जी. खेर थे। ऐसे-ऐसे चीफ मिनिस्टरों के बीच जब पन्तजी बोलना शुरू करते तो ध्यानपूर्वक सब सुनना चाहते थे। बहुत बार जो वे कहते थे, वह सारी बात वे मान लेते थे।

वाचक : उनके व्यक्तिगत के विविध आयाम थे। राजनीति के अलावा कला, संगीत, साहित्य के प्रति भी उनका गहरा अनुराग था। जब वे उत्तर प्रदेश के मुख्यमंत्री बने, तो महान कवयित्री महादेवी वर्मा को भी उन्होंने विधान-परिषद् की सम्मानीय सदस्या मनोनीत किया था।

महादेवी : **(यथार्थ स्वर)** पन्त जी बहुत मानते थे। उन्हीं के कहने से मैं विधान-परिषद् में गई, अन्यथा नहीं जाती। वे पहले मुख्यमंत्री थे, और सबसे

पहले मैं साहित्यकार, उन्होंने सब को सहेज रखा था। हम सब साहित्यकार, कलाकार एकत्र होते थे, उनके यहां। अपने शम्भू महाराज थे। नृत्य दिखाते थे। कोई संगीत सुनाता था। इन सभी कलाओं को उन्होंने प्रश्रय दिया था। जब उनसे कहा एक बार मैंने कि अच्छन महाराज श्रेष्ठ नृत्यकार हैं। एक दिन मैंने उनके घर जाकर देखा कि एक फटी रजाई में, उनके सभी बच्चे घुसे हुए हैं। इतने बड़े कलाकार को आपने कैसे रखा है! उनके पास तो ओढ़ने-बिछोने के लिए भी कुछ नहीं! तो उन्होंने तुरंत सारा प्रबन्ध करा दिया।

वाचिका : पन्तजी आदर्श प्रशासक थे। संवेदनशील, दूरदर्शी राजनीतिज्ञ थे और एक आदर्श पिता भी। राजनीति की तमाम व्यस्तताओं के बावजूद उन्होंने कभी भी घर-परिवार की उपेक्षा नहीं की। सबका प्राप्य सब को दिया। अहमद नगर तथा अल्मोड़ा जेलों से बच्चों को नियमित रूप से स्नेह भरे पत्र भेजते थे, वे पत्र, मात्र पत्र नहीं, वे एक संवेदनशील इतिहास के अध्याय भी थे। पिता के कर्मठ जीवन का क्या प्रभाव पड़ा बच्चों पर? किन निगाहों से पुत्र पिता को देखते हैं, अपने अनुभवों को प्रस्तुत कर रहे हैं—प्रतिरक्षा मंत्री श्री कृष्णचन्द्र पन्त।

श्री पन्त : **(यथार्थ स्वर)** उनका निश्चय अडिग था और संकल्प शक्ति दृढ़। बहुत-बहुत स्वच्छ जीवन था, उनका। साफ-सुथरा। नैतिक और आध्यात्मिक मूल्यों पर चलते थे वे। आसपास उनके भले ही कितनी उथल-पुथल रहे, उनमें

बड़ा धैर्य था। वे विचलित नहीं होते थे। मैंने देखा, वे कितना काम करते थे! किस लगन से करते थे! अपनी बीमारी में भी किस तरह वे हर वक्त काम में लगे रहते थे! किस तरह देश की चिंता उन्हें रहती थी और किस समर्पित भाव से वे कार्य संपन्न करते थे, हम पर उन सबका प्रभाव पड़ना स्वाभाविक है। जहां तक व्यक्तिगत बाते हैं, वे इतनी अधिक हैं कि मैं कौन-कौन-सी बात बताऊं, बड़ा कठिन है। आज भी उनको याद करके हम सब को एक शक्ति मिलती है, और मिलती है प्रेरणा। हमेशा यही इच्छा रहती है कि कभी भी कोई ऐसा काम न करें, जिसे वे पसंद नहीं करते थे। मैं इसे अपने जीवन का एक संबल समझता हूं।

वाचिका : जीवन के अंतिम दिनों में वे 18-18 घंटे काम करते थे। लगभग छह वर्ष तक देश के गृहमंत्री का दायित्व उनके सबल कंधों पर रहा। अपनी योग्यता से इस पद को उन्होंने बहुत बड़ी गरिमा प्रदान की। 20 फरवरी 1961 को जब पक्षाघात का घातक आक्रमण हुआ, उस वक्त विधिमंत्री श्री अशोक सेन उनके पास बैठे थे।

अशोक सेन : **(यथार्थ स्वर)** मुझे याद है कितना बड़ा दायित्व था उन पर! कई दिनों से एक डिबेट चल रहा था लोकसभा में, उनका जवाब उन्हें देना था, सरकार की ओर से। उनकी आदत थी कि कभी हल्के तौर से वे कोई चीज नहीं लेते थे। वे सारी बातें डिक्टेट करा रहे थे, निजी सचिव को, जवाब के हिसाब से। सब जानते

थे कि भाषण देते समय वे एक भी कागज पलटेंगे नहीं।

सेक्रेटरी नोट कर रहा था। और वे क्रमवार उत्तर लिखवा रहे थे। लिखवाते-लिखवाते उनकी तबीयत सहसा बहुत बिगड़ गई, तो उन्होंने अपने निजी सचिव जानकी से कहा, कि जानकी, सेन साहब को बुलाओ। मुझे टेलीफोन किया। मैं फौरन चल पड़ा, दो नंबर हेस्टिंग्ज रोड से। देखा– बोलते-बोलते उनके होंठ कांप रहे हैं और उसके बाद बातें करते-करते बात भी बंद हो गई। बोलना तो चाहते थे, पर बोल नहीं पा रहे थे। केवल दो-तीन शब्द फूटे–ये सारे नोट्स हैं... पढ़ लेना...। बोलते-बोलते एकदम बेहोश हो गए और उसके बाद फिर चेतना नहीं लौटी।

वाचक : और 7 मार्च, 1961 को प्रेरणा का यह प्रज्ज्वलित प्रदीप हमेशा-हमेशा के लिए बुझ गया। सारा राष्ट्र शोक-सागर में समा गया। पन्तजी साधारण होते हुए भी कहीं अत्यधिक असाधारण रहे। अत्यधिक सरल, सहज। पहाड़ की जिस धरती में पैदा हुए उनके प्रति सदैव उनका ममत्व रहा। कैसे थे, उनके अंतिम दिन? उनकी पुत्रवधू श्रीमती इला पन्त के शब्दों में–

इला पन्त : **(यथार्थ स्वर)** वे पहाड़ों को हमेशा 'मिस' किया करते थे। मसलन दिल्ली में भी रहते थे तो पहाड़ जाने की उनकी इच्छा हमेशा बनी रहती। सन् 1960 में जब हार्ट अटेक हो चुका तो डॉक्टरों ने नैनीताल जाने के लिए मना किया। मुझे याद है उस साल वे केवल पटुवाडांगर तक

ही गए, क्योंकि पटुवाडांगर की ऊंचाई थोड़ी कम थी। रहते पटुवाडांगर थे, परंतु हमेशा सवेरे वे नैनीताल चले जाते थे। दिनभर नैनीताल में बिताते थे और शाम के वक्त कहते थे, 'भई डॉक्टरों की इजाजत नहीं है', तो लगता था कि काफी दुख के साथ वे नैनीताल छोड़ रहे हैं। फिर पटुवाडांगर में हम लोग रहते थे।

जब मृत्यु से पहले, आखिरी बार नैनीताल गए तो सारा दिन उन्होंने नैनीताल में बिताया। एक चीज मैं नोट करती थी कि उस कोठी से तालाब का बहुत सुंदर दृश्य दीखता था। हम प्राय: बाहर कुर्सियां लगा देते थे। वे अपलक तालाब को देखते रहते। लगता था जैसे हमेशा-हमेशा के लिए विदा ले रहे हों...

वाचक : पन्त जी के जाने के पश्चात् भारत के राजनीतिक क्षितिज पर फिर ऐसा नक्षत्र नहीं उभरा, फिर ऐसा अनुपम दृष्टान्त देखने को नहीं मिला। अपने त्यागमय, तपोमय जीवन से, अपनी विलक्षण मेधा, अनूठी दूरदर्शिता से कोटि-कोटि जनों में अपने निश्छल स्नेह से उन्होंने जो अर्जित किया वह दुर्लभ था। आने वाला इतिहास ही बताएगा कि उन्होंने अपने देश के लिए क्या-क्या किया, यानी क्या-क्या नहीं किया!

(समापन संगीत)

❑❑❑